Dagmar Bergs-Winkels / Stephanie Schmitz

Begabungen sichtbar machen

Individuell Fördern im vorschulischen Bereich

Mit 9 Abbildungen und 4 Tabellen

Vandenhoeck & Ruprecht

Für Rebecca und Alexander

Bibliografische Information der Deutschen Nationalbibliothek:
Die Deutsche Nationalbibliothek verzeichnet diese Publikation in der
Deutschen Nationalbibliografie; detaillierte bibliografische Daten sind
im Internet über http://dnb.de abrufbar.

© 2018, Vandenhoeck & Ruprecht GmbH & Co. KG, Theaterstraße 13, D-37073 Göttingen
Alle Rechte vorbehalten. Das Werk und seine Teile sind urheberrechtlich
geschützt. Jede Verwertung in anderen als den gesetzlich zugelassenen Fällen
bedarf der vorherigen schriftlichen Einwilligung des Verlages.

Umschlagabbildung: © altnaka – www.shutterstock.com

Satz: SchwabScantechnik, Göttingen
Druck und Bindung: ⊕ Hubert & Co. BuchPartner, Göttingen
Printed in the EU

Vandenhoeck & Ruprecht Verlage | www.vandenhoeck-ruprecht-verlage.com

ISBN 978-3-525-70249-9

Inhalt

Einleitung 9

Kapitel 1 Praxisbeispiele 12
    Für die Praxis 17
    Nachgefragt und weitergedacht 17

Kapitel 2 Was tun? 19
2.1 Sich auf den Weg machen – für sich selbst 19
    2.1.1 ICBF an der WWU Münster 20
    2.1.2 Karg-Stiftung 20
    2.1.3 DGHK 21
    2.1.4 Andere Organisationen und kostenlose Informationen 22
2.2 Sich auf den Weg machen – für das Kind 22
    Für die Praxis 23
    Nachgefragt und weitergedacht 23

Kapitel 3 Aktuelles Bild vom Kind 24
3.1 Kindheit 25
3.2 Das Bild vom Kind in den Bildungsvereinbarungen 26
3.3 Exkurs: Entwicklungen im Bereich der frühen Bildung und Erziehung in Deutschland 26
    Für die Praxis 28
    Nachgefragt und weitergedacht 29

Kapitel 4 Beobachtung und Beobachtungsmerkmale 30
4.1 Beobachtungsmöglichkeiten 30
    4.1.1 Verfahren aus dem Kita-Alltag 31
    4.1.2 Ergänzende Hilfen zum Erkennen begabter Kinder ... 32
4.2 Beobachtungsmerkmale hochbegabter Kinder 32
    4.2.1 Was ist eigentlich Hochbegabung? 33
    4.2.2 Kerneigenschaften nach Webb 33

4.2.3 Beobachtungsvarianten nach den multiplen Intelligenzen 35
4.2.4 Möglichkeiten zur Beobachtung und Dokumentation der Intelligenzen in der Kita 36
4.2.5 Frühkindliche Merkmale von Hochbegabung 38
4.2.6 Motivation und Kreativität 40
4.2.7 Motivation näher betrachtet 40
4.2.8 Kreativität im Zusammenhang mit Hochbegabung 41
4.2.9 Kreativitäts- und Motivationszünder 43
4.3 Praxisbeispiele zu Beobachtungen von Kindern 48
4.4 Verwirrende Beobachtungen 51
4.5 Merkmalslisten zur Beobachtung 52
4.6 Stolperfallen in der Beobachtung 53
Nachgefragt und weitergedacht 53

Kapitel 5 Diagnostik und Begabung 55
5.1 Eine Differenzierung 55
    5.1.1 Einmal hochbegabt, immer hochbegabt? 56
    5.1.2 Hochbegabung testen 56
5.2 Gängige Testverfahren 57
Für die Praxis 59
Nachgefragt und weitergedacht 59
Übungsaufgabe zum Verständnis 59

Kapitel 6 Exkurs: Hochbegabte Mädchen 60
6.1 Ein kurzer Vergleich: Mädchen und Jungen 62
6.2 Aufmerksamer Umgang gibt Zuversicht 63
Nachgefragt und weitergedacht 65

Kapitel 7 Haltung und Rolle der Fachkräfte 66
7.1 Eine Annäherung 67
7.2 Begabungsfördernde Haltung 68
7.3 Aber wie kann das gehen? Fragen als pädagogisches Leitmotiv 70
    7.3.1 Beziehung schaffen und Lernkultur 70
    7.3.2 Herausforderungen 73
Nachgefragt und weitergedacht 74

Kapitel 8 Förderung in Kindertageseinrichtungen 75
8.1 Mögliche Fördermaßnahmen 77
8.2 Vorteile von Kindertageseinrichtungen 77

8.3	Raum und Räume	78
	8.3.1 Ausstattung	78
	8.3.2 Materialvielfalt	79
8.4	Aus der Praxis	80
8.5	Möglichkeiten für den Praxisalltag	81
	8.5.1 Sprachliche Intelligenz	81
	8.5.2 Musikalische Intelligenz	82
	8.5.3 Logisch-mathematische und räumliche Intelligenz	83
	8.5.4 Intrapersonale Intelligenz und interpersonale Intelligenz	86
	8.5.5 Naturalistische Intelligenz	86
	8.5.6 Weitere Bereiche	88
	8.5.7 Übergreifende Förderideen für die Praxis	88
8.6	Arbeitsmethoden	89
	8.6.1 Projektarbeit	89
	8.6.2 Lernwerkstatt und entdeckendes Lernen	93
	8.6.3 Die Rolle des Spiels	94
	8.6.4 Begabungsförderndes Lernen	96
	Übungsaufgabe/Fragen zur Praxis	99
	Nachgefragt und weitergedacht	99

Kapitel 9 Pädagogische Konzepte und Ansätze in der praktischen Arbeit 101
    Übungsaufgabe/Fragen zur Praxis 112
    Nachgefragt und weitergedacht 112

Kapitel 10 Kommunikation mit Eltern 113
10.1 Anlässe zur Zusammenarbeit 114
10.2 Der veränderte Blick 114
10.3 Kommunikation konstruktiv gestalten 114
10.4 Unterstützende Materialien im Elterngespräch 115
10.5 Verlauf eines Entwicklungsgespräches am Beispiel Lois 116
10.6 Weitere Beratungskontexte 120
10.7 Kernelemente professioneller Beratung 123
    10.7.1 Kontaktaufnahme 123
    10.7.2 Gesprächsgestaltung 124
10.8 Besondere Fragestellungen von Eltern hochbegabter Kinder 125
    Nachgefragt und weitergedacht 126

Kapitel 11 Übergang Kita/Schule 128
11.1 Vom Kindergartenkind zum Schulkind 128
11.2 Veränderungen für Kinder und Eltern 129
11.3 Schulreife, Schulfähigkeit und Schulbereitschaft 130
11.4 Einschulungsbeispiele aus der Praxis 131
11.5 Unterstützungen beim Übergang 135
11.6 Argumente gegen eine frühe Einschulung 137
    Nachgefragt und weitergedacht 139

Kapitel 12 Ein paar Fakten zum Schluss 140

Danksagung 142

Glossar 143

Abbildungen und Tabellen 152

Literaturverzeichnis 153

Weiterführende Informationen 162
Internetempfehlungen zur Förderung 162
Spielempfehlungen für Kinder und Erwachsene 164
Literaturtipps für Einsteiger und den Kita-Bereich 164
Webseiten mit anregenden Spiel- und Beschäftigungsmaterialien 165
Eine Auswahl an Büchern für Kinder, in denen besondere Begabungen
thematisiert werden 165
Empfehlungen zum Download 166
Fachportale mit weiterführenden Informationen 167

Einleitung

Dieses Buch richtet sich an Kindheitspädagog*innen, Studierende kindheitspädagogischer Studiengänge und an die Berufsgruppe der Erzieher*innen sowie Schüler*innen an Fachschulen.

Der Transfer des Themas »besondere BEGABUNG« auf das vorschulische Bildungs- und Betreuungsfeld wird erläutert; und zwar sowohl in Theorien zu Begabung und Diagnostik als auch der praktischen Umsetzung von Fördermaßnahmen bzw. fördernden Rahmenbedingungen im Sinne einer auf Individuen bezogenen Pädagogik.

Der Blick richtet sich auf die Pädagogik der frühen Kindheit bis zum Schuleintritt. Der Übergang von Kindertagestätte zur Schule ist ein wichtiges Thema für die Kinder. Er stellt zudem eine entscheidende Transitionsphase im Sinne der Entwicklungspsychologie dar.

Das erste Kapitel beginnt mit Praxisbeispielen, anhand derer ersichtlich wird, dass sich Kinder anders verhalten, als es der jeweiligen Entwicklungsnorm entspricht. Die Beobachtungen, die hier gemacht wurden, werden zum Anlass genommen, sich mit den Themen individuelle Förderung und Begabungsförderung zu beschäftigen. Im zweiten Kapitel folgen dann erste Überlegungen, welche Folgen Beobachtungen dieser Verhaltensweisen hochbegabter Kinder für die Praxis der pädagogischen Fachkraft haben können. Das dritte Kapitel befasst sich mit der Kindheit und dem Bild vom Kind, wie es den Bildungsvereinbarungen der Länder zugrunde liegt. Die Kindlichen Lebenswelten haben sich verändert und der Kindertageseinrichtung als sekundärer Sozialisationsinstanz kommt eine zunehmend wichtigere Rolle zu, da Kinder diese Einrichtungen früher und länger besuchen. Die Verständigung über ein einheitliches Bild vom Kind im Rahmen von Bildungsbemühungen ist über alle Bundesländer hinweg gelungen und Grundlage der pädagogischen Arbeit. Ein Aspekt der in den Bildungsvereinbarungen festgeschrieben ist, ist die Verpflichtung zur Bildungsdokumentation von Kindern auf der Basis von Beobachtung. Darauf wird im vierten Kapitel eingegangen, zunächst allgemein und dann bezogen auf spezifische Beobachtungsmerkmale im Kontext von besonderen Begabungen.

In Abgrenzung dazu werden in Kapitel fünf begabungsdiagnostische Verfahren vorgestellt. Hier wird auch der Begriff Begabung im vorschulischen Alter beschrieben. Kapitel sechs stellt zentrale Geschlechterunterschiede im Auftreten von besonderen Begabungen, mit dem Fokus auf hochbegabte Mädchen, dar. Im siebten Kapitel geht es um den Umgang der pädagogischen Fachkräfte mit besonders begabten Kindern in Kindertageseinrichtungen, um deren Haltung zu individueller Förderung und besonderer Begabung. Das achte Kapitel gibt eine Vielzahl von Anregungen für die Gestaltung der pädagogischen Praxis im Sinne einer Förderung aller Kinder auf Grundlage ihrer individuellen Bedürfnisse. In Kapitel neun werden bekannte pädagogische Ansätze zusammenfassend dargestellt und dessen Fördermöglichkeiten im Rahmen von Begabungsförderung für den vorschulischen Bereich beschrieben. Das geschieht im Rahmen eines Transfers, denn die meisten pädagogischen Ansätze für den vorschulischen Bereich haben Begabungsförderung nicht explizit in ihren Ansätzen integriert. Das zehnte Kapitel gibt Hinweise für die Begegnung mit Eltern besonders begabter Kinder und zeigt Möglichkeiten der Unterstützung von Familien auf. Im elften Kapitel wird die Transition von der Kindertageseinrichtung in die Schule in den Blick genommen. Das Kapitel zwölf benennt abschließend zentrale Fakten zum Thema Begabung/Begabungsförderung und deren Vorurteile.

Das Buch orientiert sich an praktischen Situationen im pädagogischen Alltag, auf deren Basis dann die Theorie erörtert wird. Es wird also nicht der klassische Zugang zur Begabungsförderung über die Historie, Definitionen, Modelle, Diagnostik und Förderung gewählt. Vielmehr geht es uns darum, an Beispielen zu erörtern, in welcher Situation ein*e Kindheitspädagog*in oder Erzieher*in mit dem Thema konfrontiert werden könnte. Erst dann folgt die Einarbeitung der Theorie anhand der Praxisschritte, die durchlaufen werden. Themen wie Diagnostik, Beratung und Förderung etc. sind selbstverständlich integriert. Insgesamt folgt das Buch einer ganzheitlichen, systembezogenen Perspektive, wie sie im Kapitel zehn näher beschrieben wird. Es ist ein Anliegen, im Sinne einer handlungsorientierten Darstellung, viele Praxisbeispiele zu integrieren. Die beschriebenen Situationen haben wir im pädagogischen Alltag erlebt, alle Kinder gibt es, ihre Namen sind aber für das Buch verändert worden.

Dieses Buch will auf Kinder mit besonderen Begabungen aufmerksam machen. Die Förderung besonderer Begabungen im Vorschulalter soll durch die vielen praktischen Anregungen in den pädagogischen Alltag integrierbar sein. Die beschriebenen Förderaspekte beziehen sich auf individuelle Förderung, die allen Kindern in Kindertageseinrichtungen zugutekommen. Werden alle Kinder in einer Kita mit ihren individuellen Bedürfnissen wahrgenommen und individuell gefördert und gefordert, dann profitieren nicht nur hochbegabte Kinder davon.

Es werden keine Diagnosestrategien oder Diagnoseberichte beschrieben. Auch Störungen in Kombination mit Hochbegabung oder mit domänenspezifischer Hochbegabung spielen hier nur eine Nebenrolle. Die vorgestellten Förderprinzipien basieren in der Regel auf Erfahrungen und Literatur zur Schule und wurden für den Bereich der Kindertagesstätten angeglichen.

Die Kapitel enden jeweils mit einer kurzen Inhaltszusammenfassung, Anregungen und Aufträgen für die Praxis sowie Nachfragen zum Weiterdenken.

Das Buch hat ein Glossar, indem wichtige Begriffe kurz und prägnant beschrieben werden. Die Begriffe sind im Text HERVORGEHOBEN.

Praxisbeispiele sind hervorgehoben, die Namen der Kinder und Eltern sind selbstverständlich anonymisiert. Alle Beispiele stammen aus unserer pädagogischen Praxis.

Kapitel 1 Praxisbeispiele

 Wie kann in der pädagogischen Praxis einer Kindertagestätte die Entwicklung von Kindern vor Schulbeginn unterstützt und gefördert werden?

Die Beobachtung von Kindern zeigt zum einen, dass sie bestimmte Anlagen mitbringen und zum anderen, dass sie ihre individuelle Entwicklung aktiv gestalten. Der Bildungsauftrag für Kindertageseinrichtungen ist bundesweit über das Kinder- und Jugendhilfegesetz, SGB VIII[1], geregelt und über die länderspezifischen Kita-Gesetze. Der Bildungsauftrag für Kindheitspädagog*innen und Erzieher*innen als Entwicklungsbegleiter*innen der Kinder ist in Folge davon, die Kinder individuell im Sinne ihrer Fähigkeiten und Fertigkeiten zu fördern und sie bei der Erkundung der Welt positiv zu unterstützen. Die Haltung dabei sollte stets zugewandt, interessiert und kompetenzorientiert sein.

Für Kinder mit besonderen Begabungen gilt, wie für alle anderen Kinder auch, dass ihre Fähigkeiten und Bedürfnisse individuell sehr verschieden sind. Im folgenden Abschnitt werden wir einige Beispiele geben, wo und wie im Kita-Alltag Erzieher*innen und Kindheitspädagog*innen das Thema Begabung begegnen kann, sei es in der direkten Thematisierung oder in der Beobachtung einer ungewöhnlichen Situation. Im Anschluss daran werden erste Hinweise zu möglichem Verhalten der pädagogischen Fachkräfte gegeben.

> **Sina, vier Jahre und sechs Monate**
>
> Montagmorgen in der Kita, nach dem Frühstück: Die Kinder sind auf dem Weg in den Waschraum, um Zähne zu putzen. Eines der Mädchen, Sina, steht im Türrahmen zum Waschraum und beobachtet das Getümmel. Die Gruppenerzieherin, Frau W., stellt sich hinter Sina und fordert sie leise und freundlich auf, auch die Zähne zu putzen: »Geh doch auch an das Waschbecken und nimm schon mal

---

1 Verfügbar unter: http://www.sozialgesetzbuch-sgb.de/sgbviii/1.html (28.01.2018).

deine Zahnbürste in die Hand!« Sina erwidert: »Na, aber da ist doch gerade alles voll und gar kein Platz mehr, um richtig Zähne zu putzen.« Frau W.: »Meinst du nicht, dass das ganz schnell gehen wird?« Sina: »Es wird sicher noch fünf Minuten dauern und so lange warte ich lieber hier.« Frau W.: »Meinst du? Was bringt dich auf die Idee?« Sina: »Wir haben auf jeder Seite zwei Waschbecken – also vier insgesamt. An jedem Becken stehen immer zwei Kinder – also acht Kinder putzen Zähne. Ich denke, das wird dann noch fünf Minuten dauern, bis ich in der nächsten Runde dran bin.« Frau W.: »Mhm, das kann genauso stimmen. – Was meinst du, sollen wir die Sanduhr aufstellen, um zu schauen, ob du richtig liegst mit deiner Vermutung?« Sina strahlt, drückt Frau W. ihre Zahnbürste in die Hand und geht an das Regal, um eine der Sanduhren zu holen. Kurz überlegt sie, ob die rote oder die gelbe Sanduhr die richtige ist. Frau W. beobachtet sie und möchte wissen: »Was überlegst du?« Sina: »Nun, in der gelben braucht der Sand zehn Minuten, um durchzurieseln; in der roten nur fünf Minuten, aber was ist, wenn es mehr als fünf Minuten sind? Daher überlege ich jetzt, ob ich die rote oder die gelbe Sanduhr nehme.« Frau W.: »Was wäre, wenn wir beide aufstellen?« Sina hält die Sanduhren in den Händen – eine links, eine rechts und schaut von einer auf die andere Uhr: »Ja, das kann vielleicht gehen. Aber ganz genau wissen wir es dann ja immer noch nicht ...« Frau W.: »Da hast du Recht. Magst du es dennoch probieren? Wenn es mehr als fünf Minuten sind, können wir ja noch mal überlegen, wie wir die Zeit genauer messen können. Was meinst du?« Sina nickt, schaut in den Waschraum, der sich schon ein wenig geleert hat und stellt die Sanduhren auf die Ablage: »Heute geht es eh schneller, denn vier Kinder sind nicht da und deshalb ist auch schneller wieder ein Waschbecken frei. Bin gespannt, wie lange ich brauche.«

Hans, zwei Jahre

Hans steht kurz vor seinem dritten Geburtstag. Eltern, Erzieherinnen und alle anderen, die an der Betreuung und Erziehung beteiligt waren, begannen sich erhebliche Gedanken zu machen, da Hans überhaupt keinerlei Anstalten machte, mit anderen per Sprache zu kommunizieren. Er sprach kein Wort, teilte sich durch Zeichen und Gesten mit und erweckte den Eindruck, entweder taub oder stumm oder beides zu sein. Diverse Untersuchungen standen nun an, Kinderärzte, Logopädin, Eltern und Erzieherinnen standen in engem Kontakt, waren jedoch noch weit entfernt von einer Erklärung seines »Nicht-Sprechens«. Eines Morgens in der Kita, ein gemeinsames Geburtstagsfrühstück stand an, und Hans saß mit allen anderen Kindern, den Erzieherinnen und einer Praktikantin am reichhaltig gedeckten Frühstückstisch. Lebhaftes, jedoch gedämpftes Geplapper der Kinder war zu hören und in gemütlicher Runde wurde besprochen, was man an diesem Tag noch unternehmen wollte. Das Geburtstagskind hatte den Wunsch, draußen zu spielen und die gesamte Gruppe diskutierte, ob es Regen geben würde oder nicht.

Die Praktikantin ließ ihren Blick in die Runde schweifen und bemerkte, dass Hans wiederholt seinen Nachbarn anstieß und auf die Margarine deutete. Sie beobachtete, dass Hans zunehmend ungeduldiger wurde und wollte schon eingreifen, als Hans sich plötzlich ganz gerade auf seinen Stuhl setzte, tief Luft holte und laut, sehr deutlich akzentuiert, in perfekter Grammatik in die Runde sprach: »Wäre bitte am anderen Ende des Tisches mal jemand so freundlich und würde mir die Margarine reichen?«

Fortan war die Sprachfreude des Jungen kaum noch zu bremsen. Auf die Frage hin, warum er denn nicht schon eher gesprochen habe, antwortete er: »Na, weil es noch nicht so gut geklungen hat und ich doch erst noch lernen musste, wie man die meisten Wörter richtig ausspricht.«

Charlotte, vier Jahre und sechs Monate

Charlotte ist ein sehr aufgewecktes, wissbegieriges Mädchen, ständig in Aktion, Vielfragerin mit einem großen Gespür für Wortmelodien.

Schon mit ca. zwei Jahren nutzte Charlotte Plakate, Poster, Bilder und diverse Bücher, um Begriffe zu erfragen, nachzusprechen und eigene Reimwörter zu finden. Ebenso interessant war es zu beobachten, wie sie neu entdeckte Wörter in ihren Sprachgebrauch integrierte. So entdeckte sie das Wort »Mammut« durch ein Steinzeitprojekt in der Kita. Von den Eltern wurde berichtet, dass Charlotte abends im Bett lag und den Begriff Mammut immer wieder aussprach, in Silben zerlegte und mit unterschiedlichster Betonung aufsagte.

Durch ihre hohe Merkfähigkeit lernt sie sehr schnell Texte, Geschichten, Reime und Lieder. Tauchen neue Begrifflichkeiten auf, sucht und hinterfragt sie deren Bedeutung und integriert den Begriff sehr schnell in ihren aktiven Wortschatz.

Darius, vier Jahre

Darius, ein Junge aus Afghanistan, ist seit einer Woche neu in der Kita. Er ist interessiert an allem, was geschieht, beobachtet aber zurückhaltend. In einer Lesesituation, in der die Erzieherin einer Reihe von Kindern, auf dem Boden sitzend, vorliest, kommt eine Kollegin rein und bittet die Erzieherin um Unterstützung. Diese weist darauf hin, dass sie jetzt nicht unterbrechen kann. Daraufhin Darius: »Geh ruhig, ich lese dann weiter vor!«

Die Eltern hatten nicht auf diese Fähigkeiten ihres Sohnes hingewiesen. Wie sich im Laufe der nächsten Tage herausstellte, konnte Darius nicht nur gut lesen, auch ihm fremde Worte; er konnte sehr gut rechnen und sehr gut Schach spielen und zwei Sprachen sprechen. Darauf angesprochen, brachten die Eltern eine Diagnose mit. Darius hatte einen IQ-Test absolviert, die Eltern das aber in der Einrichtung nicht mitgeteilt. Sie wollten vermeiden, dass Darius stigmatisiert wird, weil sie in anderen Einrichtungen bereits schlechte Erfahrungen gemacht hatten.

Emil, drei Jahre

Die Eltern von Emil suchen eine Kita für ihren Sohn. Nach der Besichtigung beim ersten Gespräch fragen die Eltern, wie die Einrichtung zum Thema Hochbegabung steht. Ihr Kind sei besonders, habe sehr früh sprechen gelernt, interessiere sich für Zahlen und Buchstaben. Da der Vater hochbegabt ist, es aber erst als Erwachsener hat testen lassen, ist er sicher, dass sein Sohn ebenfalls hochbegabt ist. Sie haben sich bereits erkundigt, dass Testungen ab zweieinhalb Jahren möglich sind und sind in Sorge, dass ihr Kind nicht genügend Förderung bekommt.

Diese fünf Beispiele sind aus unterschiedlichen Einrichtungen zusammengetragen. Keine der hier beschriebenen Verhaltensweisen ist ein ausreichendes Indiz für eine besondere Begabung. Sie machen jedoch deutlich, dass uns hin und wieder Kompetenzen von Kindern überraschen, weil sie nicht der Entwicklungsnorm entsprechen. Sie sind ein erster Anlass, genauer hinzuschauen. Bei Kindern mit besonderen Bedürfnissen ist das genauso, nur ist es uns vertrauter.

Zunächst empfehlen wir, genauer hinzuschauen und differenziert zu beobachten: Was fällt uns zu dem Kind sonst noch auf? Was könnte die kleine Momentaufnahme, die uns erstaunt hat, bedeuten?

Sina ist offenbar in der Lage, logische Schlüsse zu ziehen, hat eine differenzierte Zeitvorstellung und will den Dingen auf den Grund gehen. Hans hat offenbar ein gutes Verständnis von Sprache, trotz seiner eigenen Sprachlosigkeit. Das Sprachniveau, das er an den Tag legt, ist ausgesprochen hoch. Der Anspruch an sich selbst ist sehr hoch. Charlotte ist offenbar sehr sprachinteressiert und geht kreativ und freudig neugierig mit Begriffen um. Darius kann gut Lesen, Rechnen und Schach spielen, ist aber sonst eher schüchtern und zurückhaltend. Warum haben seine Eltern nichts von der Testung erzählt? Warum sind die Eltern von Emil in Sorge, die Situation in der Kita könnte ihrem Sohn nicht genügen?

Um zu erfahren, was an dem Kind sonst noch auffällt, empfiehlt sich zunächst der Austausch mit Kolleg*innen. Der nächste Schritt ist die Hinzunahme der Beobachtungsinstrumente, die in der Einrichtung ohnehin Anwendung finden, mit dem Ziel einer systematischen Beobachtung. Entwicklungsdokumentation ist im Rahmen der Bildungsvereinbarungen eine wesentliche Aufgabe für das pädagogische Personal, das impliziert auch regelmäßige Elterngespräche.

Objektive Testungen sind für den frühkindlichen Bereich problematisch. Zum einen, weil das pädagogische Fachpersonal zur Durchführung objektiver Testverfahren der Intelligenzdiagnostik nicht ausgebildet oder berechtigt ist. Aber auch, weil sich in dieser Phase die Entwicklung von Kindern häufig sprunghaft und nicht linear vollzieht. Außerdem entwickeln sich nicht alle Kompetenzbereiche gleichzeitig. Ein Entwicklungsvorsprung im Alter von drei Jahren bedeutet nicht, dass dieser Entwicklungsvorsprung mit sieben oder zehn immer noch besteht, das kann sich an die anderen Kompetenzbereiche angleichen. Deshalb wird eine Testung vor dem fünften Lebensjahr in der Regel nicht empfohlen (vgl. Stapf, 2003). Daher eignen sich für die frühkindliche Phase zunächst Checklisten und Beobachtungsbögen, die auf wissenschaftlichen Beobachtungen beruhen, wie etwa von Mönks (2000) beschrieben.

Darüber hinaus ist es sinnvoll, sich selbst mit dem Thema HOCHBEGABUNG und individuelle Förderung vertraut zu machen. In der Ausbildung, weder auf der Ebene der Fachschulen, noch im akademischen Bereich, ist das unbedingt Thema. Das gilt übrigens auch für die Lehrerausbildung. Teilweise wird das Thema Hochbegabung in der Entwicklungspsychologie gestreift.

Hier zeigt sich, welche Chancen gute Bildungseinrichtungen und gut ausgebildete Kindheitspädagog*innen und Erzieher*innen für möglichst positive Entwicklungsverläufe von Kindern bieten. Durch frühes Erkennen besonderer Begabungen können günstige Umweltbedingungen geschaffen werden, die einen positiven Einfluss auf den Transformationsprozess von Begabung zu Performanz, im Sinne von Leistung, haben. Insbesondere im Hinblick auf den Übergang zur Grundschule, z. B. wenn eine Früheinschulung in Erwägung gezogen wird, sind fundierte Kenntnisse über das Thema Hochbegabung von Bedeutung. Darüber hinaus ist natürlich die Beratung und Unterstützung der Eltern eine wesentliche Aufgabe, die Kindheitspädagog*innen und Erzieher*innen zukommt.

Im Zusammenhang mit besonderen Begabungen tauchen bei Kindern unter Umständen Probleme auf: Hier empfiehlt sich eine differenzierte Diagnostik durch speziell ausgebildete Fachkräfte. Die Diagnostik sollte in der Regel von einer Psychologin*einem Psychologen, die mit Thema Begabung vertraut sind, durchgeführt werden. Beobachtbare Indikatoren für Probleme könnten etwa Isolation, Zurückgezogenheit, Ängstlichkeit, Suche nach Kontakt zu Erwachsenen und älteren Kindern unter Vermeidung des Kontakts zu Gleichaltrigen sein. Die Diagnostik nutzt unterschiedliche Verfahren, standardisiert, normiert, Beobachtungsbögen der Einrichtungen und subjektive Einschätzungen der pädagogischen Fachkraft und Eltern und führt möglichst zur Beschreibung eines möglichst ganzheitlichen Begabungsprofils. Dieses Profil ist dann Grundlage für eine individuelle, ganzheitlich orientierte Förderung und eine ausführliche Beratung von Eltern und anderen pädagogischen Fachkräften.

Was heißt das jetzt für die Praxis? Wie kann ich mit Kindern mit besonderen Begabungen umgehen? Wie verständige ich mich mit den Eltern? Wie gehe ich mit deren Sorge um? Machen wir uns auf den Weg!

> **Zusammenfassung**
> Kompetenzen von Kindern überraschen, wenn sie nicht der Entwicklungsnorm entsprechen. Das ist immer ein Anlass, genauer hinzuschauen.
> Besonders im frühkindlichen Bereich gestalten sich objektive Testungen, auch wenn es diese schon für Zweieinhalbjährige gibt, aus entwicklungspsychologischer Sicht problematisch.
> Für das Erkennen von besonderen Begabungen empfiehlt sich, vor allem, wenn ein Kind massive Probleme hat, eine differenzierte Diagnostik, die unterschiedliche Verfahren kombiniert und die Beschreibung eines möglichst ganzheitlichen Begabungsprofils ermöglicht.

Für die Praxis
Manchmal überraschen Kinder mit außergewöhnlichen Gedanken oder Spielideen. Verfolgen Sie mit den Kindern diese Gedanken und versuchen Sie, hinter die Idee zu blicken. Bieten Sie Materialien und Beschäftigungsbereiche an, die vielleicht nicht der Altersgruppe entsprechen, jedoch Anreiz bieten. Nutzen Sie solche Situationen zur Beobachtung. Erweitern Sie ihr Fachwissen mit Literatur zum Thema Begabungsförderung.

 Ein Tipp zum Einsteigen: Sutherland, M. (2007): Besondere Begabungen früh erkennen und fördern. Praktische Hilfen für Kindergarten und Vorschule. Donauwörth

Nachgefragt und weitergedacht
- Bin ich mit den Merkmalen einer möglichen Hochbegabung vertraut?

- Habe ich eine gute Kenntnis zur kindlichen Entwicklung, um weder Unter- noch Überforderung zu schaffen?
- Habe ich jemanden, mit dem ich mich austauschen kann, um einen zweiten Blick zu fokussieren?
- Wie stehe ich zu dem Phänomen Hochbegabung?
- Habe ich Kenntnis, an wen ich Eltern evtl. weitervermitteln kann, um adäquate Erstberatung zu unterstützen?
- Schaffe ich Momente, kindliches Verhalten individuell beobachten zu können?
- Kenne ich die Besonderheiten der Kinder und unterstütze sie in ihrer Individualität?
- Signalisiere ich Kindern, dass alle Ideen willkommen sind und schaffe Situationen, die diese hervorlocken?

Kapitel 2 Was tun?

 Wo finde ich Informationen und Unterstützung? Welche Institutionen und Organisationen bieten Informationen, Beratung und Weiterbildung zum Thema Hochbegabung? An wen können sich die Kita und Kollegen*innen wenden?

Im ersten Kapitel sind uns Kinder begegnet, die in ihrem Verhalten nicht der Entwicklungsnorm entsprechen. Das hat unter Umständen Auswirkungen auf den üblichen Kita-Alltag. Nun stellt sich die Frage, wie wir mit diesen Kindern umgehen, wenn wir dem Anspruch folgen, sie bestmöglich zu begleiten und zu fördern. Unseres Erachtens gibt es zwei Wege, die beschritten werden sollten, um sich dieser Herausforderung zu stellen: Den einen geht man für sich selbst, den anderen für die Kinder.

Im diesem Kapitel werden drei Anlaufstellen für Unterstützung und deren Arbeit genauer beschrieben. Das ICBF (Internationales Centrum für Begabungsforschung), die Karg-Stiftung und die DGHK (Deutsche Gesellschaft für das hochbegabte Kind). Diese Einrichtungen bieten Informationsmaterial, Ausbildungen für pädagogische Fachkräfte und Beratungen an.

2.1 Sich auf den Weg machen – für sich selbst

In Deutschland gibt es mehrere Institutionen und Organisationen, die sich speziell mit dem Thema Begabung beschäftigen. Zu den zentralen Anlaufstellen zählen u. a. das ICBF, die Karg-Stiftung und die DGHK. Diese Institutionen bieten Ausbildungen, Tagungen, Projekte und Materialien zum Thema Begabungsförderung an, für das gesamte Bildungssystem. Beratungseinrichtungen zum Thema finden sich ebenfalls.

Daneben gibt es eine Reihe von Initiativen und Informationsplattformen, die für eine eigene Recherche zur Verfügung stehen.

2.1.1 ICBF an der WWU Münster

Das ICBF hat folgende Arbeitsschwerpunkte:

Begabungsforschung
Erforschung von Entwicklungsbedingungen besonderer Begabungen sowie Implementierung und Evaluation von Diagnoseinstrumenten, Beratungsansätzen und Förderkonzepten für besonders begabte Kinder, Jugendliche und Erwachsene.

Begabtenförderung
Diagnostik und Förderung von Begabung, Lernkompetenz und Persönlichkeitsentwicklung bei besonders begabten Kindern, Jugendlichen und Erwachsenen sowie Beratung von Eltern, Erzieher*innen, Kindheitspädagog*innen und Lehrer*innen im unterrichtlichen und außerunterrichtlichen Kontext.

Aus- und Weiterbildung
Konzipierung und Realisierung interdisziplinärer und internationaler Aus- und Weiterbildungscurricula, Fachtagungen, Kongresse und Publikationsreihen zur Begabungsforschung und Begabtenförderung.

 Weitere Informationen verfügbar unter: www.icbf.de

2.1.2 Karg-Stiftung

Die Karg-Stiftung nimmt die Gestaltung des deutschen Bildungssytems für die Bedürfnisse hochbegabter und potenziell leistungsstarker Kinder und Jugendliche in den Blick. Auf ihrer Webseite heißt es zum Selbstverständnis der Stiftung:

»Nah dran an den Bedürfnissen des Kindes und am Bildungsalltag suchen wir professionell und partnerschaftlich passgenaue Wege für die Förderung Hochbegabter. Kita, Schule und Beratung begleiten wir auf diesen. Unser Leitstern: ein begabungsgerechtes Bildungssystem.« (www.karg-stiftung.de (12.02.2018), o. S.)

Das Karg-Fachportal Hochbegabung bietet einen Überblick über Aktivitäten und Themen und ist eine erste Anregung zur Orientierung.

 Weitere Informationen verfügbar unter: www.fachportal-hochbegabung.de

2.1.3 DGHK

Eine wichtige Institution in Deutschland ist die DGHK, die Deutsche Gesellschaft für das hochbegabte Kind. Sie veröffentlicht regelmäßig die Zeitschrift »Labyrinth«, in der Projekte und wissenschaftliche Erkenntnisse themenbezogen beschrieben werden.

Die DGHK ist ein bundesweit tätiger gemeinnütziger Verein, in dem sich betroffene Eltern, Pädagog*innen, Psycholog*innen sowie andere Interessierte ehrenamtlich für die Förderung hochbegabter Kinder einsetzen.

Die DGHK entstand aus der Erfahrung, dass hochbegabte Kinder Probleme in der Schule und im sozialen Umgang entwickeln können, wenn ihre intellektuellen Bedürfnisse lange Zeit nicht wahrgenommen werden und die Kinder deshalb ihre Fähigkeiten nicht entfalten können. Dürfen die Kinder hingegen so viel fragen, lesen, lernen, experimentieren, wie es ihren Bedürfnissen entspricht, haben sie meist nicht mehr oder weniger Probleme als andere Kinder auch.

 Weitere Informationen verfügbar unter: www.dghk.de

Der Regionalverein Rhein-Ruhr der DGHK verleiht in jedem Jahr einer Kindertageseinrichtung oder einem Kindergarten das »Labyrinthchen« als Anerkennung für vorbildliche Leistungen in der Begabungs- und Begabtenförderung. Die Auswahl der Preisträger*innen erfolgt anhand der Auswertung einer Bewerbermappe, in der sich die Kindertageseinrichtung in ihrer Vielfältigkeit darstellen kann, einem Besuch der Einrichtung – und gerne auch angeregt durch Erfahrungsberichte von Kindern und Eltern.

Folgende Kriterien werden zugrunde gelegt (vgl. https://www.dghk-rhein-ruhr.de/das-labyrinthchen/(12.02.2018)):
- Zusatzausbildung der Erzieher*innen
- Gestaltung von (Fach-)Räumen
- Einsatz von begabungsgerechtem Spiel- und Arbeitsmaterial
- Einbeziehung auch jüngerer Kinder in anspruchsvolles Spielen und Forschen
- Bemühen, um den individuell optimalen Einschulungstermin für jedes Kind
- Konzept, das eine individuelle begabungsorientierte Arbeit zeigt
- Langfristige Anlage der begabungsfreundlichen Arbeit
- Transparenz/Sichtbarkeit der begabungsfreundlichen Arbeit nach außen

Die Preisträger »des Labyrintchen« sind gute Anlaufstellen, um sich über Best-Practice-Beispiele zu informieren. Die Adressen werden auf der Webseite der DGHK regelmäßig aktualisiert.

2.1.4 Andere Organisationen und kostenlose Informationen

Das Bundesministerium für Bildung und Forschung hat einen Wegweiser für Eltern, Erzieher*innen, Lehrer*innen herausgegeben: »Begabte Kinder finden und fördern«[2].

In einigen Bundesländern gibt es ebenfalls länderspezifische Empfehlungen zum Thema Begabungsförderung. Und dann gibt es noch den *European Council for High Ability* (ECHA), den europäischen Dachverband, in dem Wissenschaftler*innen, Praktiker*innen und Eltern Mitglied werden können. ECHA befasst sich länderübergreifend und länderspezifisch mit dem Thema und alle Jahre veranstaltet der Verband eine internationale Tagung. ECHA gibt regelmäßig die Zeitschrift »High Ability Studies« heraus.

 Weitere Informationen verfügbar unter: https://www.bildung-und-begabung.de/begabungslotse/datenbank/bildungseinrichtungen/european-council-for-high-ability-echa

Ausgewählte Materialideen und Downloadempfehlungen finden sich im Anhang bzw. im Literaturverzeichnis.

2.2 Sich auf den Weg machen – für das Kind

Im ersten Kapitel haben Sie Beispiele gesehen, in denen ein ENTWICKLUNGSVORSPRUNG in einem oder mehreren Entwicklungsbereichen von Kindern konstatiert werden kann, sei es, weil Kinder schneller sind oder weil sie andere Wege gehen als Altersgenossen. Die Wahrnehmung von Kindern durch Erzieher*innen und Kindheitspädagog*innen ist aber natürlich subjektiv geprägt, von eigenen Erfahrungen, Vorstellungen und dem Wissen über die Entwicklung von Kindern. Zunächst sollten Sie sich also auf den Weg machen, diesen Eindruck mit Wahrnehmungen anderer zu vergleichen. Sie sollten Ihre Wahrnehmung also überprüfen. Dazu gehört, mit Kolleg*innen zu sprechen, sich externe Unterstützung zu holen, mit Eltern ins Gespräch zu kommen und nochmal genau hinzuschauen auf das Kind. Insbesondere das Gespräch über unterschiedliche Lebenssituationen kann sehr spannend sein, denn das Verhalten von Kindern in Kitas und Zuhause ist manchmal sehr unterschiedlich. Einen Einblick zur Elternarbeit und möglicher Beratung gibt das Kapitel 10. Der Blick auf das

---

2 Verfügbar unter: https://www.bmbf.de/pub/Begabte_Kinder_finden_und_foerdern.pdf (10.01.2018).

Kind sollte dabei kompetenzorientiert sein. Dazu findet sich mehr in den Kapiteln zur Haltung der pädagogischen Fachkräfte (→ Kap. 7) und zur Diagnostik (→ Kap. 4 u. 5).

Sie haben sich also erst einmal auf den Weg und kundig gemacht zum Thema und wollen nun mehr wissen. Und vor allem interessiert es Sie, welche Implikationen das für ihre tägliche Arbeit hat? Na, dann los!

> **Zusammenfassung**
> Unterschiedliche Formate zur Weiterbildung im Bereich des Erkennens und Förderns früher Begabungen werden angeboten.
> In einigen Bundesländern gibt es Empfehlungen zum Thema Begabungsförderung. Broschüren können im Netz kostenfrei heruntergeladen werden und bieten gute Informationen zur Erstinformation. Zusätzlich sind darin Adressen und Daten zu Institutionen publiziert.
> Es gibt gute Möglichkeiten, sich auf den Weg zu begeben – sowohl zur eigenen Unterstützung als auch zur individuellen Förderung des Kindes.

Für die Praxis
Recherchieren Sie die Empfehlungen innerhalb ihres Bundeslandes.

Nachgefragt und weitergedacht
- Welche Informationen erhalten Sie innerhalb der Broschüren?
- Sind die Informationen auf die Kita übertrag- und nutzbar?
- Welche weiteren Fragen stellen sich?
- Fühlen Sie sich gut informiert, oder benötigen Sie weiteren Input?
- Welche Aspekte wurden innerhalb der bisherigen Ausbildung vermittelt?

Kapitel 3 Aktuelles Bild vom Kind

 Was ist der Bildungsauftrag von Kindertagestätten? Was können und sollten Fachkräfte für die Förderung von Kindern tun? Welche Rolle nehmen pädagogische Fachkräfte ein und welches Bild vom Kind zeigt sich in Bildungsvereinbarungen? Wie stellen sich aktuelle Entwicklungen im Bereich der frühen Bildung und Erziehung dar?

In diesem Kapitel geht es zunächst darum, einen Blick auf die Bedeutung von Kindheit in unserer Gesellschaft zu werfen. Darüber hinaus wird die Rolle als pädagogische Fachkraft reflektiert. Ein professioneller Blick im Rahmen einer sekundären Sozialisationsinstanz bzw. einer familienergänzenden Institution ist hier von entscheidender Bedeutung, da sich die Anforderungsprofile für die pädagogische Arbeit deutlich verändert haben, das gilt sowohl für die Ausbildung von Erzieher*innen als auch die der Kindheitspädagog*innen.

Kindertagesstätten verstehen sich in ihrem Bildungsauftrag als Trias von Betreuung, Bildung und Erziehung. Das spiegelt sich in den Bildungsvereinbarungen der einzelnen Bundesländer wider, auch wenn diese unterschiedlich konzipiert sind. Mit dem Inkrafttreten des Kindes- und Jugendhilfegesetzes 1991 (SGB VIII) ist festgeschrieben, dass »Familien in ihren Erziehungs- und Sozialisationsaufgaben mit familienergänzenden Leistungen« (Daum, 2014, S. 3) unterstützt werden sollen. Bertram (2013) betont, dass mit zunehmender außerfamiliärer Betreuung von Kindern in Kindertageseinrichtungen für eine Vielzahl von Kindern zusätzliche Entwicklungs- und Sozialisationsmöglichkeiten angeboten und relevant werden, ein Ausdruck der Unterstützungsleistung.

3.1 Kindheit

Kindheit ist eine sozial und kulturell geprägte Lebensphase, die von typischen Entwicklungsaufgaben gekennzeichnet ist (vgl. Bründel/Hurrelmann, 2003). Kindheit wird seit Beginn des 19. Jahrhunderts als eigenständige Lebensphase wahrgenommen. Bis dahin war die Dauer der Kindheit

»auf das zarteste Kindesalter beschränkt, d. h. auf die Periode, wo das kleine Wesen nicht ohne fremde Hilfe auskommen kann; das Kind wurde also, kaum dass es sich physisch zurechtfinden konnte, übergangslos zu den Erwachsenen gezählt, es teilte ihre Arbeit und ihre Spiele. Vom sehr kleinen Kind wurde es sofort zum jungen Menschen, ohne die Etappen der Jugend zu durchlaufen [...].« (Aries, 1975, S. 45).

Als Kindheit bezeichnen wir gemeinhin die Lebensspanne eines Menschen von der Geburt bis zur geschlechtlichen Reife (Pubertät), sie gliedert sich in die frühe Kindheit (4.–6. Lebensjahr), die mittlere Kindheit (7.–10. Lebensjahr) und die späte Kindheit (11.–14. Lebensjahr) (vgl. Brockhaus, 2016).

Heute werden Kinder dabei als aktive Akteur*innen betrachtet. In diesem Zusammenhang weist Hein (2004) auf die Schutz- und Erziehungsbedürftigkeit von Kindern hin, die zwar handlungsaktiv, aber nicht handlungsautonom sind. Dies impliziert die Notwendigkeit von Hilfe und Unterstützung.

»Veränderte gesellschaftliche, politische und rechtliche Kontextfaktoren haben im letzten Jahrzehnt zu zahlreichen Entwicklungen bei Institutionen der Bildung und Erziehung geführt – dies betrifft sowohl Einrichtungen der frühen Bildung, als auch den Ausbau des Ganztagsbereichs an Schulen. Da es sich hierbei nicht nur um eine quantitative Erweiterung handelt, sondern neben Betreuung vor allem kindliche Bildung sowie deren Qualität fokussiert wird, ergeben sich zentrale Fragestellungen für Forschung, Institutionsentwicklung und Management sowie die Aus-, Fort- und Weiterbildung von Fachkräften«. (Bergs-Winkels/Ulber, 2017, S. 560)

Das Bundesministerium für Familie, Senioren, Frauen und Jugend rief gemeinsam mit zehn Bundesländern, kommunalen und freien Trägern im Jahr 1999 die *Nationale Qualitätsinitiative im System der Tageseinrichtungen für Kinder* ins Leben. Sie hatte zum Ziel, Instrumente zur Feststellung der Qualität der Arbeit in Tageseinrichtungen – Krippen, Kindergärten und Horten – zu entwickeln. In fünf Teilprojekten der »Nationalen Qualitätsinitiative« wurden Qualitätskriterien für Kindertageseinrichtungen erstellt, geeignete Evaluationsverfahren entwickelt und praktisch erprobt.

3.2 Das Bild vom Kind in den Bildungsvereinbarungen

Als gemeinsame Haltung der Bundesländer wurde 2004 die Rolle der Kitas als Teil des öffentlichen Erziehungssystems beschrieben:

»Die Kindertageseinrichtungen des Elementarbereichs werden heute als unentbehrlicher Teil des öffentlichen Bildungswesens verstanden. Unter Berücksichtigung entwicklungspsychologischer Erkenntnisse sind sie mit ihrem ganzheitlichen Förderauftrag, ihrer lebensweltorientierten Arbeit und ihren guten Beteiligungsmöglichkeiten geeignete Orte für frühkindliche Bildungsprozesse. Der Schwerpunkt des Bildungsauftrags der Kindertageseinrichtungen liegt in der frühzeitigen Stärkung individueller Kompetenzen und Lerndispositionen, der Erweiterung, Unterstützung sowie Herausforderung des kindlichen Forscherdranges, in der Werteerziehung, in der Förderung, das Lernen zu lernen und in der Weltaneignung in sozialen Kontexten.« (Beschluss der Jugendministerkonferenz, 2004, S. 2)

Das Kind wird hier als von Geburt an kompetent, lernfähig und lernbegierig beschrieben. Kinder gestalten ihre Entwicklung aktiv, selbsttätig und selbstbestimmt mit. Interaktion und Kommunikation in sozialen Kontexten mit anderen Kindern und Erwachsenen, Spielen, Lernen – überhaupt Erfahrungen sammeln – sind dabei Instrumente zur Aneignung der Welt. Dieses Verständnis liegt allen Bildungsvereinbarungen der Bundesländer zugrunde.

3.3 Exkurs: Entwicklungen im Bereich der frühen Bildung und Erziehung in Deutschland

Die kindliche Lebenswelt hat sich in unserer Gesellschaft verändert: Der Bedarf an Institutionen für öffentliche Bildung, Erziehung und Betreuung steigt auf Grund der Berufstätigkeit der Eltern und der erhöhten Anzahl an Einelternfamilien. Die politische Konsequenz dieses Bedarfs ist seit 2013 der Rechtsanspruch auf einen Kita-Platz, der die Nachfrage nach Betreuungsplätzen sicher noch erhöhen wird.

Die international vergleichenden PISA- und IGLU-Studien, eigentlich Schulstudien, betonen, dass die Weichenstellung in der Bildung nicht erst mit der Schule beginnt (vgl. PISA-Konsortium, 2001)

Das hat auch Auswirkungen auf das gesamte Berufsfeld pädagogischer Fachkräfte. Das Deutsche Jugendinstitut hat 2009 Bedarfsprognosen für das pädagogische Fachpersonal vorlegt. Diese ergaben einen Bedarf von 36.000 Vollzeitstellen im Bereich der Kinderbetreuung. In der neueren Studie (2017), die den Bedarf bis 2025 prognostiziert, geht das DJI von einem maximalen Mehrbedarf von 205.000 Personen in Kindertages- und Grundschuleinrichtungen aus. Dies hat eine Fachdebatte zur pädagogischen Qualität frühkindlicher Bildung, Erziehung und Betreuung in Deutschland ausgelöst. Eine wissenschaftlich fundierte pädagogische Arbeit in Kindertageseinrichtungen wird allenthalben gefordert.

Das hat Konsequenzen für den gesamten Ausbildungsbereich pädagogischer Fachkräfte. Die Fachqualifikation steht auf dem Prüfstand. Die Akademisierung des Berufsfeldes und Professionalisierung der Ausbildung sind Begrifflichkeiten, die damit in enger Verbindung stehen und Ausbildungsgänge verändert haben.

Seit 2004 werden landesweit Bachelor- und Masterstudiengänge im Bereich der Kindheitspädagogik angeboten. In Deutschland gibt es inzwischen ca. 90 Bachelor- und 11 Masterstudiengänge im Bereich der Pädagogik der Kindheit, mit denen eine »neue« Berufsbezeichnung, im Sinne einer staatlichen Anerkennung als »Kindheitspädagog*in«, empfohlen von der Jugend- und Familienministerkonferenz (JFMK) im Jahre 2011, einhergeht (Studie Stieve/Worsley/Dreyer, 2014).

Der 2011 gegründete Studiengangstag »Kindheitspädagogik« beschreibt das Berufsprofil der »neuen Fachkräfte« im pädagogischen Feld der Kindertagesbetreuung für die Lebensspanne der 0- bis 14-Jährigen, aber auch in vielen weiteren Feldern der pädagogischen Arbeit mit Kindern und Familien:

»Der Beruf der Kindheitspädagogin und des Kindheitspädagogen ist auf die familiäre und öffentliche Bildung, Erziehung und Betreuung in der Kindheit, die Lebenswelten, Kulturen und Lebensbedingungen von Kindern und Familien sowie die Zusammenarbeit mit Familien ausgerichtet. Die Tätigkeit hat ihre Schwerpunkte in der erkenntnisgenerierenden Erforschung, der Konzeptionierung und der didaktischen, organisationalen und sozialräumlichen Unterstützung von Bildung, Erziehung und Betreuung in Kindheit und Familie. Dies schließt die wissenschaftlich begründete, kritische Reflexion gesellschaftlicher Konstruktionen und Bedingungen von Kindheit und Familie sowie die Mitwirkung an der sozialen, politischen und kulturellen Gestaltung und Sicherung eines guten und gelingenden Aufwachsens von Kindern ein.« (Studiengangstag Pädagogik der Kindheit, 2015, S. 2)

Derzeit arbeiten ca. 5 % akademisch ausgebildeter Fachkräfte in Kindertageseinrichtungen (vgl. Fuchs-Rechlin/Smidt, 2015).

Auch die Fachschulen haben ihre Curricula für die Ausbildung von Erzieher*innen grundlegend überarbeitet und es gibt Bemühungen, im Sinne des Bologna-Prozesses, die vertikale wie horizontale Durchlässigkeit zwischen den unterschiedlichen Bildungsniveaus zu erhöhen.

In der Weiter- und Fortbildung werden Ziele und Standards neu definiert. (Beschluss der Kultusministerkonferenz, 2010) Das Projekt Weiterbildungsinitiative Frühpädagogische Fachkräfte (WiFF) hat das Ziel, Neuerungen im Aus- und Weiterbildungssystem frühpädagogischer Fachkräfte zu initiieren, zu fördern und zu begleiten. Das Deutsche Jugendinstitut (DJI) ist im Rahmen des Programms des Bundesministeriums für Bildung und Forschung und der Robert-Bosch-Stiftung für die fachliche Konzeption und Umsetzung verantwortlich.

 Weitere Informationen verfügbar unter: http://www.weiterbildungsinitiative.de

> **Zusammenfassung**
> Anforderungen an das Personal in Kindertagesstätten haben sich verändert ebenso wie Familienstrukturen. Vereinbarkeit von Familie und Beruf ist zum allgegenwärtigen Thema geworden. Die Gesellschaft hat sich gewandelt, es gibt mehr Patchworkfamilien und mehr Alleinerziehende. In manchen Kindergärten haben bis zu 98 % der Kinder einen Migrationshintergrund, sprachliche Unterschiede müssen ebenso aufgefangen werden wie kulturelle Unterschiede. Elternwünsche, im Hinblick auf eine möglichst weit gestreute Frühförderung, und zunehmende Verwaltungsaufgaben nehmen einen hohen Platz ein. HETEROGENITÄT und INDIVIDUALISIERUNG werden zu beachteten Begrifflichkeiten innerhalb der Tagesstätten. Nicht zu vergessen die umfassenden Dokumentationskonzepte in den Einrichtungen. Ganz nebenbei gilt es dann auch noch, familiäre Belange auszugleichen, da Kinder, durch die Berufstätigkeit der Eltern, den größten Teil des Tages in den Einrichtungen verbleiben.
> In den meisten Fällen ist die Orientierung, diesen Beruf zu ergreifen, mit viel Herz für diese Aufgaben getroffen worden. Sorgen Sie gut für sich selbst, damit Sie Ihr Engagement und die Freude an diesem Beruf auch halten.

Für die Praxis

Nutzen Sie mögliche Angebote, auch Ihre »Akkus« zeitnah aufzufüllen und wahren Sie Grenzen.

Gönnen Sie sich Supervisionsangebote und nutzen Sie Fortbildungsangebote und Reflexionsmöglichkeiten, um Ihre persönlichen und fachlichen Kompetenzen und Ressourcen anzureichern.

Fortbildungen schaffen zum einen neue Kompetenzen, eignen sich zum anderen aber auch zum Austausch mit Kolleg*innen.

Gerade im sozialen und pädagogischen Sektor, ist es eine besondere Herausforderung, die eigene Gesundheit und das persönliche Wohlergehen im Blick zu behalten.

Nachgefragt und weitergedacht
- Welche Strategien haben Sie, um den Anforderungen gerecht zu werden und sich selbst dabei nicht zu überlasten?
- Nutzen Sie Angebote, um z. B. Achtsamkeit zu stärken?
- Stehen Sie regelmäßig im Dialog mit Kolleg*innen, um gegebenenfalls zu reflektieren und gemeinsam an Herausforderungen zu agieren?
- Welche Weiterbildungsmöglichkeiten unterstützt ihr Träger?

Kapitel 4 Beobachtung und Beobachtungsmerkmale

 Welche Möglichkeiten bietet Beobachtung? Welche Verfahren eignen sich in der Kita? Welche Beobachtungsmerkmale könnten Hinweise auf eine mögliche Hochbegabung bieten?

In diesem Kapitel geht es um die professionelle Beobachtung im pädagogischen Alltag in Abgrenzung zu Diagnostik (→ Kap. 5). Die gezielte und methodengeleitete Beobachtung ist die Grundlage für eine Bildungsdokumentation des Kindes und Ausgangspunkt für dessen individuelle Förderung. Die Beobachtung soll auf die Möglichkeiten und die Vielfalt kindlicher Handlungen, Vorstellungen, Ideen, Werke und Problemlösungsstrategien ausgerichtet sein. Dabei geht es in erster Linie um einen an Kompetenzen orientierten Blickwinkel.

Bislang gibt es auf Basis der Bildungsempfehlungen die Verpflichtung der Entwicklungsdokumentation von Kindern. Ein Beobachtungsinstrument wird dabei nicht vorgegeben. Einige Träger haben Dokumentationsbögen entwickelt, die in ihren Einrichtungen genutzt werden. Darüber hinaus gibt es eine Vielzahl von standardisierten und nicht-standardisierten Instrumenten.

Im Vorschulalter ist eine standardisierte Testung nur bedingt möglich, wenngleich es Intelligenztests auch für Zweijährige gibt. Deshalb sollen hier die klassischen Testverfahren, aber auch qualitative Beobachtungsinstrumente vorgestellt werden.

4.1 Beobachtungsmöglichkeiten

Beobachtungsinstrumente sollen eine professionelle Beobachtung in pädagogischen Institutionen ermöglichen. Sie basieren auf wissenschaftlichen Prinzipien und gehen über Alltagsbeobachtung hinaus. Bortz und Döring (2009) betonen die Zielgerichtetheit und die methodische Kontrolle bei der Beobachtung. Das impliziert auch die Nutzung von Instrumenten.

»[...] eine strukturierte zweckgebundene Beobachtung ist ein entscheidendes Handwerkszeug von Erziehern [und Kindheitspädagog*innen, Anmerkung der Verfasserin]. Durch Beobachtung können wir nicht nur kleine Kinder und ihr Lernen überprüfen, wir können dabei auch unser eigenes Handeln und unsere Reaktionen auf bestimmte Situationen überprüfen.« (Sutherland, 2007, S. 27)

Außerdem trägt eine institutionalisierte, regelmäßige Beobachtung zur Nachzeichnung eines individuellen Entwicklungsprofils von Kindern bei.

In der Praxis zeigt sich, dass die Festlegung auf nur ein Instrument, wie es die großen Träger tun, oder die Vorgabe, dass Bildungsdokumentation »irgendwie« stattfinden muss, nicht hinreichend im Rahmen von Qualitätsentwicklung in Kindertagestätten sind. Instrumente müssen vielmehr an ein Qualitätsentwicklungskonzept geknüpft werden, an den kindlichen Entwicklungsbedürfnissen und -interessen orientiert und konzeptionell verankert und begründet sein. Dazu sind entsprechende Organisations- und Personalentwicklungsmaßnahmen erforderlich.

Allen Instrumenten ist gemein, dass sie als professionelle Unterstützung gelten, sich dem Kinde zuzuwenden, Bildungsprozesse zu unterstützen und den positiven, individuellen Blick auf das Kind zu stärken.

4.1.1 Verfahren aus dem Kita-Alltag

Einige der bekanntesten Verfahren, die in der Praxis Anwendung finden, sind nachstehend benannt – ohne Anspruch auf Vollständigkeit. Die hier ausgewählten Verfahren sind in der Literatur im Hinblick auf Anwendungsmöglichkeiten, Grenzen und fachliche Voraussetzungen belegt. Die Verfahren wurden allerdings nicht explizit für besonders begabte Kinder entwickelt.
- Die Entwicklungstabelle von Kuno Beller
- Die Grenzsteine der Entwicklung nach Andres und Laewen
- Der Baum der Erkenntnis nach Berger und Berger
- Die Leuvener Engagiertheitsskala, Beobachtung und Begleitung von Kindern nach Laevers
- Das Beobachtungs- und Dokumentationsverfahren nach dem Modell Eearly Excellence Centre »Pen Green« in England
- Die Bildungs- und Lerngeschichten nach Margreth Carr nach dem Modell »Learning Stories« in Neuseeland
- Das kompetenzorientierte Beobachtungs- und Dokumentationssystem BUDS 4–36 für die Krippe und BUDS Kita für die Kindertagesstätte von Ursula Günster-Schöning und Melanie Tonn
- KOMPIK-Beobachtungsbogen – Kompetenzen und Interessen von Kindern von Kornelia Schlaaf-Kirschner

Manche Träger legen sich im Rahmen ihrer Qualitätsstandards auf ein spezifisches Verfahren fest oder entwickeln eigene Verfahren zur Bildungsdokumentation.

Diese Verfahren sind in der Regel keine diagnostischen Verfahren und genügen einer empirischen Überprüfung nach testtheoretischen Standards nicht. Dennoch eignen sie sich, abhängig vom Stellenwert in der pädagogischen Konzeption der Einrichtung, Alltagsbeobachtungen festzuhalten. Damit sind sie eine Gesprächsbasis für die Kommunikation mit Eltern, Kolleg*innen, Schulen, Psycholog*innen oder sonstigen Fachkräften, die in die gemeinsame Förderung von Kindern involviert sind.

4.1.2 Ergänzende Hilfen zum Erkennen begabter Kinder

Darüber hinaus sind die Fragebögen von Huser (2001) und Sutherland (2007) von besonderem Interesse, da sie auf einen Dialog mit Kindern ausgerichtet sind. Sie beziehen sich auf Fragen zu Interessen der Kinder und zur Selbsteinschätzung von Fähigkeiten und Fertigkeiten. Beide Autorinnen haben die Bögen für Kinder im Vorschulalter entwickelt.

Außerdem sind diese Beobachtungsbögen aus der inhaltlichen Kenntnis zu BegabungsTHEORIEN und MODELLEN entwickelt worden. Hier wird im Rahmen einer Bildungsdokumentation zur Entwicklung von Kindern deutlich, dass die Autorinnen sich mit den Facetten der Begabungen, gerade junger Kinder, intensiv auseinandergesetzt haben.

Pflüger (2017) hat das BeBa-Verfahren, ein diagnostisches, webbasiertes Verfahren zur Erfassung von Bedingungsfaktoren der Potenzialentfaltung bei Kindern und Jugendlichen in Kindergarten und Schule entwickelt. Die Nutzung dieses Verfahrens bedarf allerdings eines spezifischen Trainings.

4.2 Beobachtungsmerkmale hochbegabter Kinder

Das typische hochbegabte Kind gibt es nicht. Aber Fachleute der Begabungsdomäne haben einige, gut zusammengefasste Aspekte und wiederkehrende Merkmale benannt.

Im Alltag der Kindertagesstätten lassen sich viele Merkmale exzellent beobachten. Besonders begabte Kinder sind in ihren Verhaltensweisen manchmal anders als ihre Altersgenossen. Sie entwickeln sich in unterschiedlichen Bereichen schneller und werden aus diesem Grund oft als Herausforderung wahrgenommen. Das kann, muss aber nicht zu Schwierigkeiten führen. Manchmal ist allerdings erst das Auftreten von Auffälligkeiten der Ausgangspunkt für das Erkennen besonderer Begabungen.

4.2.1 Was ist eigentlich Hochbegabung?

Winner (1998) fasst die Merkmale wie folgt zusammen: »Hochbegabt sind Kinder, die folgende Merkmale zeigen: Frühreife, Lernen auf ganz eigene Art und eine wütende Wissbegierde.« (S. 28)

Gerade die manchmal außergewöhnliche Wissbegierde, das unermüdliche Fragen und Erkunden unterschiedlichster Dinge, lässt Kinder auffallen.

Anna, vier Jahre

Die Gruppe ist auf einem Spaziergang und sie passieren eine Bushaltestelle. Anna will wissen: »Warum heißt die Bushaltestelle eigentlich Bushaltestelle?« Die Erzieherin antwortet: »Nun ja, weil hier Busse halten, damit Leute einsteigen können.« Anna: »Ja, aber dann sollte das doch besser Buswartestelle heißen, denn wenn ich überlege, wartet man doch immer länger, als das der Bus hält, oder?«

Eine weitere Frage Annas war, warum Erwachsene oft mit »ja gleich« antworten, obwohl »gleich« immer länger dauert und eigentlich ja gar nicht »gleich« ist. Das führte sie dazu, zu hinterfragen, ob es wohl ein »Kinder-Gleich« und ein »Erwachsenen-Gleich« gäbe. Bei Kindern wäre nämlich »gleich« tatsächlich »gleich« – also zeitnah.

Ben, drei Jahre

Ein gutes Beispiel für ausgiebiges Neugier-Verhalten lieferte auch Ben, der im Alter von drei Jahren den Toaster auseinanderschrauben musste, um seiner Frage nachzugehen, warum das Toastbrot von alleine wieder herauskommt, wenn es fertig ist. Dafür stand er mitten in der Nacht auf, da die Beantwortung keinerlei Aufschub mehr duldete.

4.2.2 Kerneigenschaften nach Webb

Webb (1993) hat – wie viele andere auch – versucht, endogene Kerneigenschaften von hochbegabten Kindern darzustellen. Nachfolgende fünf Merkmale werden immer wieder genannt:
1. Lernbegierde: der innere Antrieb nach Wissen; ausgeprägtes Erkenntnisstreben.
2. Perfektionismus: der Drang, alles genau und vollständig wissen zu wollen; eine Arbeit muss bis ins kleinste Detail stimmen.

3. Kreativität: die Fähigkeit, neue und verschiedenartige Lösungswege zu entdecken und anzuwenden.
4. Persönliches Engagement: emotionale Bezogenheit, starke Gefühle der Empathie; sich ganz für eine Sache einsetzen wollen.
5. Idealismus: ein stark entwickeltes moralisches Empfinden. Das Wohlergehen menschlichen Daseins verlangt persönlichen Einsatz. Dieses Verhaltensmerkmal tritt mehr im Jugendalter in den Vordergrund.

Bei Kleinkindern sind gerade die ersten vier Merkmale gut wahrnehmbar. Die hier dargestellten Kerneigenschaften sind verschieden stark ausgeprägt und unterschiedlich in ihrer Dominanz.

Dalia, vier Jahre

Ein Beispiel für die zweite und vierte Verhaltenseigenschaft ist das Kindergartenkind Dalia. Mit vier Jahren saß sie im Auto der Mutter und beobachtete, wie Insekten an die Frontscheibe klatschten und folglich starben. Tagelang wollte sie alles über Leben, Sterben und Tod wissen. Sie ließ nicht locker, bis sie zu dem folgenden Schluss kam:»Wir sind also nicht schuld, dass die Insekten an unserem Auto sterben, nur weil wir mit dem Auto fahren. Da gibt es andere Gründe, warum die Tiere gestorben sind und die kann ich noch nicht herausfinden, aber deshalb können wir ja auch nicht immer laufen, Unglücke passieren einfach, ohne dass immer jemand Schuld hat.«

Hochbegabte Kleinkinder haben oft ein sehr stark ausgeprägtes Mitgefühl und können auch sehr früh schon folgerichtig denken. Gerade die Fähigkeit, mitzuempfinden und sich in andere hineinversetzen zu können, macht manches Kind sehr vorsichtig im Agieren und erweckt auch schon mal den Anschein, das Kind wäre sehr weinerlich und vermeide jegliche Auseinandersetzung. Manchmal haben diese Kinder eine sehr deutliche Idee davon, was alles geschehen könnte. Zum eigenen Schutz sind sie dann in ihrem Verhalten lieber zögerlich, und neigen zu Beobachtung.

Über die von Winner (1998) und Webb (1993) beschriebenen Merkmale hinaus ist das Merkmal Kreativität in Zusammenhang mit starkem persönlichem Engagement beobachtbar. Es kann dazu führen, dass hochbegabte Kinder oft unrealistisch hohe Ansprüche an sich selber stellen. Begleitet von einem schon früh ausgeprägten Perfektionismus kann dies dazu führen, dass Kinder zum Beispiel das Malen verweigern, da die komplexen, sehr fantasievollen Konstrukte in ihren Köpfen noch lange nicht zu Papier zu bringen sind. Auch das

Verweigern von Darstellungen und Ansprüchen, die gestellt werden, könnte somit ein Indiz für besondere Begabungen sein.

4.2.3 Beobachtungsvarianten nach den multiplen Intelligenzen

Einen für den Kindergarten gut geeigneten Beobachtungsrahmen bieten auch die »multiplen Intelligenzen« nach Howard Gardner (1994; 2013). Er unterscheidet in diesem Modell neun Intelligenzen:

1. Sprachliche INTELLIGENZ
   Die Intelligenz, Sprache treffsicher und passend einzusetzen, um eigene Gedanken auszudrücken, zu beschreiben, zu deuten, zu reflektieren, aber auch die Fähigkeit andere gut zu verstehen und deren Aussagen zu deuten.
2. Musikalische Intelligenz
   Die Befähigung, Musik zu spüren, zu komponieren, aufzuführen; ein besonderes Gespür und Empfinden für Intonation, Rhythmik, Harmonien und Klang und Töne. Zudem ein gutes Gehör.
3. Logisch-mathematische Intelligenz
   Die Anlage, mit Beweisketten umzugehen, aber auch durch Abstraktionen Ähnlichkeiten zwischen Dingen zu erkennen, gutes Gefühl für Mengen, Zahlen und mentale Operationen. Zahlen- und Mengenbilder schnell erfassen können.
4. Räumliche Intelligenz
   Die Fähigkeit, die sichtbare Welt akkurat zu betrachten, Wahrnehmungsresultate zu übertragen und abzuwandeln sowie visuelle Erfahrungen selbst in Abwesenheit physikalischer Reize anwenden zu können. Ein hohes räumliches Vorstellungsvermögen.
5. Körperlich-kinästhetische Intelligenz
   Exzellente Kontrolle und Koordination des Körpers und einzelner Körperteile.
6. Intrapersonale Intelligenz
   Die Befähigung eigene Impulse kontrollieren zu können, persönliche Grenzen zu kennen und mit den eigenen Gefühlen geschickt und umsichtig umgehen können.
7. Interpersonale Intelligenz
   Die Stärke, anderen Menschen empathisch zu begegnen und einfühlsam mit ihnen zu kommunizieren.
8. Naturalistische Intelligenz
   Die hohe Sensibilität für Naturphänomene. Große Fähigkeit, Ausdauer und Freude daran, Lebendiges zu beobachten, zu entdecken und zu erkennen.
9. Existentielle Intelligenz
   Eine potenzielle Intelligenz, die das Durchdenken und Erfassen von grundlegenden Fragen und philosophischen Gedanken der Existenz erlaubt.

Gardner (vgl. Rost, 2008) definiert die existenzielle Intelligenz als potenzielle, noch nicht zur Gänze erforschte Intelligenz. Daher ist meist von 8 ½ Intelligenzen die Rede. Die inter- und die intrapersonale Intelligenz werden häufig zusammenfassend auch als EMOTIONALE INTELLIGENZ bezeichnet.

Ausgehend davon, dass in jedem Individuum alle Intelligenzen, unterschiedlich stark ausgeprägt zu finden sind, eröffnen sich individuelle Möglichkeiten. Jemand, der vielleicht nicht gut im Bereich der Sprache ist, kann sehr wohl eine musikalische oder naturalistische Begabung besitzen oder auch mathematisch hoch TALENTiert sein. Wie sehr eine solche Fähigkeit ausgebildet ist, hängt zum einen von der genetischen Veranlagung ab. Zum anderen spielen auch äußere Einflüsse eine Rolle. Erst diese Einflüsse der Umwelt regen an, Fähigkeiten, die schon gegeben sind, weiterzuentwickeln.

Ohne Anreize und Möglichkeiten von außen wird ein Kind sich nur schwer weiterentwickeln können und Begabungen drohen zu verkümmern. Förderung sollte möglichst früh in der kindlichen Entwicklung erfolgen und jedem Kind sollte Raum geboten werden, seinem eigenen Lerntempo zu folgen. Auch bei asynchroner Entwicklung sollten vielfältige Talente und Stärken erkannt und gefördert werden, auch so, dass weniger ausgebaute Intelligenzbereiche ihren Platz haben und stimuliert werden können.

4.2.4 Möglichkeiten zur Beobachtung und Dokumentation der Intelligenzen in der Kita

Wie werden diese Intelligenzen aber beobachtet, was könnten Anzeichen besonderer Begabungen oder Interessen von Kindern sein? Im Folgenden werden sieben der Intelligenzen betrachtet, die sich aus unserer Sicht gut im pädagogischen Alltag beobachten lassen. Aufgabe der Erzieher*innen ist es hierbei keinesfalls, diese Intelligenzen zu messen oder zu erheben. Der Fokus liegt in der Betrachtung, welche Wege und welche Intelligenzen vom Kind genutzt werden, um sich einen Zugang zur eigenen Welt, zum Lernen und Handeln zu schaffen.

Durch das Beobachten der Intelligenzen (→ Tab. 1) kann die Lernumgebung der Kinder darauf ausgerichtet werden. Dem Kind werden neue Möglichkeiten und Anreize geboten, neue Erkenntnisse zu sammeln, zu erproben und in seine Lernwelt zu integrieren. Da die Bereiche an den Stärken der Kinder orientiert werden, wird das Kind wahrscheinlich mit Freude auf diese gestaltete Umwelt reagieren und ist MOTIVIERT, sich mit ihr auseinanderzusetzen. Kinder bekommen die Gelegenheit, sich mit ihrer individuellen Intelligenz zu beschäftigen, diese zu stärken, auszubauen und einem möglichen UNDERACHIEVEMENT vorzubeugen. Sofern Kinder ihre eigenen Begabungen gut erkennen und erfahren können, erweitern sie auch ihr Wissen zu den eigenen und speziellen Denkansätzen

Tabelle 1: Intelligenzen in der Kita (eigene Darstellung)

Intelligenz	Beobachtbare Aspekte in der Kita
Sprachliche Kompetenzen	Wortschatz, hoch und schneller Aufbau; Anwendung Grammatik sicher und früh; Freude an Reimen, Geschichten, Märchen, Zungenbrechern; gut erzählen können, Aussprache deutlich und verständlich; Vorliebe für Rätsel, Wortspiele, Witze und verbale Verständigung; ...
Mathematisch-Logische Kompetenzen	Interesse, Dinge zu vermessen, zu wiegen, zu planen; Gefühl für Mengen und Abstände gut und treffend; Freude an Rechenaufgaben, Knobeleien, Zahlen im Allgemeinen; Dinge und Funktionalitäten werden hinterfragt; Freude an Logik-Rätseln; ...
Naturalistische Kompetenzen	Liebe zu allem, was lebt, blüht und wächst; Interesse an Naturphänomenen; Gute Betrachtung von Wetteränderungen; Freude an Aufzucht und Naturbetrachtungen; Wissen über Naturzusammenhänge; Differenzierung und Kategorisierung von Tieren und Pflanzen; Zoobesuche und naturkundliche Ausstellungen werden gerne besucht; Spielen gerne im Freien; Interesse an Insekten hoch, keine Angst vor Tieren; Engagement für Natur und Tiere; ...
Emotionale Kompetenzen (Inter-, Intrapersonale)	Stärken und Schwächen, eigene und die der anderen werden realistisch betrachtet und erkannt; hohe intrinsische Motivation; Gefühle werden gut erkannt und zum Ausdruck gebracht; Unabhängigkeit im Denken früh; Selbstachtung und Achtung anderer hoch; hohe empathische Fähigkeiten; oft nachdenklich; Vorliebe für Gruppenaktivitäten; gerne im Umgang mit anderen; Ratgeber bei Konflikten; Kommunikation respektvoll und gut in der Ausführung; Hilfs- und Kompromissbereit; Gerechtigkeitssinn und Verständnis für Werte und Regeln stark ausgeprägt; ...
Körperliche Kompetenzen	Erkunden und Erfassen verstärkt taktil; Freude an einer oder mehreren Sportarten, an Arbeiten mit Ton, Kleister, Holz; Geschick bei Jonglage; motorische Koordination (fein und grob) ausgeprägt; Körpersprache ausdrucksvoll; Bewegungsdrang hoch; körperliches Empfinden gut; Gesten/Ausdruck anderer werden früh und treffend kopiert; ...
Räumliche Kompetenzen	Orientierungssinn gut; visualisieren gerne; Erwerb von Zeichentechniken schnell und Umsetzung gut; Puzzeln früh und schnell erfassend; Freude an Konstruktionsmaterial, Gestaltung, Farben, Mustern; Sortieren gerne; Landkarten, Pläne, Diagramme werden schnell erfasst und verstanden; Vorstellungs- und Abstraktionskraft hoch; ...
Musikalische Kompetenzen	Freude am Singen, am Musizieren, an Rhythmus und an Melodien; Erwerb von Melodien und Texten schnell; Eigenkompositionen von Melodien; Singen und Tanzen taktvoll; Gefühl für Töne, Harmonien und Melodien; Bewegen sich sofort, wenn Musik erklingt; Geräusche werden schnell wahrgenommen und gut differenziert; Trommeln oft rhythmisch mit Gegenständen und Fingern; ...

und Strategien. FLOW-Erlebnisse werden ermöglicht, und Kinder werden zu begeisterten Lernern, zumindest in ihrem Interessensbereich.

Gardner (1994) gründet sein Modell auf der Tatsache, dass normal entwickelte Kinder von sich aus unterschiedliche Arten von Fähigkeiten zeigen.

Gerade in der Kita eignen sich diese Intelligenzen gut zur Beobachtung einzelner Bildungsbereiche, wie sie auch in den Bildungsvereinbarungen beschrieben sind.

4.2.5 Frühkindliche Merkmale von Hochbegabung

Prof. Dr. Franz Mönks, der in Europa den ersten Lehrstuhl für Begabungsforschung innehatte, ist seit über vierzig Jahren aktiv im Bereich Begabungsforschung und Begabtenförderung tätig. Er beschrieb im Jahr 2000 folgende Merkmale von hochbegabten Kindern:

1. Motorische Entwicklung
   - Laufen schon mit ca. zehn Monaten
   - Feinmotorik – mit ca. zehn Monaten erste Versuche in einem Buch zu blättern, mit Daumen und Zeigefinger (charakteristisch mit ca. achtzehn Monaten)
   - Hohes Energieniveau
2. Realistisches Selbstkonzept (mit ca. drei Jahren)
   - Kennen Stärken und Schwächen ihrer eigenen Leistung
   - Setzen eigene Fähigkeiten in Bezug zu anderen Kindern – erkennen Unterschiede
   - Beschäftigen sich mit ihrer eigenen Identität – setzen sich damit auseinander (zentrale Frage im Jugendalter)
3. Produktives/unabhängiges Denken
   - Sehr früh unabhängiges Denken – keine Mitläufer
   - Sie denken logisch – fortschreitend und intuitiv
   - Sie äußern spontan Zu- und Abneigung
   - Personelle und physikalische Umgebung werden in Kategorien eingeteilt
   - Wissen um ursächliche Beziehungen ist schon früh vorhanden – z. B. Licht/Schalter
   - Intellektuelle Neugier ist schon früh vorhanden
4. METAKOGNITION
   - Im Alter von drei Jahren sind die Kinder fähig, über ihr denken zu reflektieren
   - Bewusstes miterleben verschiedener Prozesse (Wenn-dann-Beziehungen)
5. Rollenübernahme/Empathie (Fähigkeit, sich in Gefühle, Motive und das Verhalten anderer hinein zu versetzen)
   - Schon mit ca. zwei Jahren gelingt es ihnen, die Rollen anderer Personen, Tiere, Objekte zu übernehmen
6. Persönlichkeit
   - Sie haben Humor
   - Vertreten ihren eigenen Standpunkt

- Sind beharrlich und haben Mühe, sich der Meinung anderer anzuschließen
- Launisch – sehr erwachsen und vernünftig/typisch kindlich schlecht gelaunt
7. Erforschen und Erkunden
   - Aufmerksam und wach – alles sehen wollen; Geräuschen folgen; hoher Grad an Neugier
   - Erforschen mehr und gründlicher
   - Fähig, verschiedene Signale zur selben Zeit aufzunehmen
8. Aufgabenkonzentration/Motivation
   - Hohes Maß an Konzentration bei selbst gewählten Themen
   - Neues wird entdeckt
   - Eigener Antrieb, Neues zu entdecken
9. Sprachliche Entwicklung
   - Frühes Sprechen – mit ca. einem Jahr, Spracherwerb vollzieht sich schnell
   - Schneller Aufbau des Wortschatzes
   - Schneller Gebrauch richtiger Grammatik

Für die sprachliche Entwicklung gibt es eine Besonderheit. Mönks (2000) beschreibt, dass es zwei Varianten im Sprachverhalten gibt. Zum einen Kinder, die früh und viel Sprechen und ein schneller Fortschritt im Aufbau des Wortschatzes zu bemerken ist. Zum anderen die, deren aktiver Sprachgebrauch spät, aber dann im vollständigen Gebrauch in langen Sätzen stattfindet.

Alle Autoren zum Thema Begabung sind sich in einem Punkt einig: Ein »allgemeiner Entwicklungsvorsprung« ist ein hervorstechendes Merkmal aller begabten Kinder. In aktuellen Berichten zum Thema Begabung wird auf einen Zusammenhang (vgl. Brackmann, 2007) von erhöhter Sensitivität in einigen Bereichen hingewiesen. So etwa in einer deutlichen Lärmempfindlichkeit und in gesteigerter Überempfindlichkeit in taktilen Reizen. In der Praxis berichten Eltern beispielsweise, dass sie alle erdenklichen Etiketten aus der Kleidung schneiden müssen, die Kinder sich bei erhöhter Lautstärke die Ohren zuhalten und über Konzentrationsprobleme klagen, wenn zu viele Reize dominieren. Belastbare Forschungsergebnisse gibt es hierzu noch nicht.

»Beachten« wird bei all diesen Merkmalen zur Zauberformel beim Entdecken, Finden und Fördern der Potenziale, die Kinder in sich tragen.

Um Bildungsarbeit gelingen zu lassen, sind Beobachtung und Dokumentation unerlässlich und sollten in jeder Konzeption als Schwerpunkt verankert sein, in der mit dem »Blick auf das Kind« geplant und organisiert wird. Somit werden Dokumentationen zum Ausgangspunkt für qualitativ hochwertige, pädagogische Arbeit.

4.2.6 Motivation und Kreativität

In fast allen Abhandlungen zur Beschreibung, was Hochbegabung ausmacht, finden sich die Begrifflichkeiten MOTIVATION und Kreativität wieder.

Motivation auch beschrieben als Aufgabenverpflichtung – mit hohem Interesse, Initiative und Ausdauer, Handlungen zu bewältigen. Oder anders ausgedrückt, sich intensiv und über einen längeren Zeitraum mit einer Aufgabe beschäftigen zu können. Kreativität wird erfahren, im Sinne eines bestimmten Personenmerkmales, in Bezug auf das Lösungsverhalten. Divergentes, weit gefächertes Denken, originell, flexibel und vielschichtig an Aufgaben arbeiten zu können (vgl. Berk, 2005; Holling/Kanning, 1999).

4.2.7 Motivation näher betrachtet

Alltagssprachlich wird Motivation beschrieben mit »Antrieb haben«, »sich bewegen wollen«, »etwas erreichen wollen«. Lernmotivation scheint allen Kindern zunächst angeboren. Kinder wollen neugierig ihre Welt erforschen und aus eigenem Antrieb Erfahrungen sammeln. Eine wunderbare Grundvoraussetzung zum Lernen also.

Immer dann, wenn Menschen aktiv werden, um nicht nur die elementaren Grundbedürfnisse zu befriedigen, ist davon auszugehen, dass ihre eigene Motivation Beweggrund für das Handeln ist. Es entsteht eine Bereitschaft, in einer konkreten Situation, etwas mit einer bestimmten Konzentration und Ausdauer zu bewältigen. Motivation verleiht der Handlung eine bestimmte Richtung.

Hierbei wird unterschieden zwischen INTRINSISCHER, also der selbstgesteuerten MOTIVATION, und der EXTRINSISCHEN, von außen gelenkten MOTIVATION (vgl. Zimbardo/Gerrig, 2008).

Motivation ist hierbei auch als Verbindung zwischen Begabung und außergewöhnlichen Leistungen zu sehen. In fast allen wissenschaftlichen Modellen zur Hochbegabung (vgl. Holling/Kanning, 1999) findet sich der Bereich der Motivation wieder und erhält immer dann, wenn es zum Tragen der Leistung kommt, einen hohen Stellenwert.

Eine hohe Motivation wird wesentlicher Indikator sein, um Begabungen sichtbar werden zu lassen. Menschen unterscheiden sich stark in ihrem Streben nach Leistung und darin, wie sie Erfolge und Misserfolge wahrnehmen und empfinden. Diese Erkenntnisse gilt es, früh in die Arbeit mit Kindern einfließen zu lassen (vgl. u. a. Zimbardo/Gerrig, 2008).

4.2.8 Kreativität im Zusammenhang mit Hochbegabung

»Kreativität heißt sinnbildlich gesprochen, die stark befahrene Autobahn zu verlassen und sich auf Waldwege zu begeben oder querfeldein zu stechen, immer auch mit dem Risiko, sich mal zu verirren.« (Huser, 2001, S. 42)

In Alltagsinterpretationen werden kreative Menschen häufig auch als musische und künstlerische Menschen beschrieben. Kinder zum Beispiel, die gut und detailliert malen können, oder schon früh ein hohes Interesse an Musik und Kunst zeigen, werden als sehr kreativ beschrieben.

Als kreativ werden die Prozesse verstanden und bezeichnet, die etwas Neuartiges und Wertvolles schaffen. Hierbei steht nicht ein Endprodukt im Zentrum, sondern die ganze Person, im Kontext mit dem was sie tut und der Umgebung.

Neugier-Verhalten, Hingabe, Faszination von gestellten Aufgaben und Konzentration werden dabei auch berücksichtigt. Kreativität ebenso wie Motivation sind Konstrukte, die nur schwer zu bewerten und nur bedingt zu testen sind (vgl. Holling/Kanning, 1999; Preckel/Vock, 2013).

Als kreativ würden wir die Kinder beschreiben, die motiviert und mit einer gewissen Risikofreude an Aufgabenstellungen experimentieren. Kinder, die ›um die Ecke denken‹, Kinder die zu außergewöhnlichen Antworten und auch Fragen kommen, weil sie sich trauen andere Blickwinkel einzunehmen und Dinge ein bisschen intensiver und ein bisschen anders betrachten als altersgleiche Kinder. Ebenso Kinder, die schnell Zusammenhänge zwischen bereits gemachten Erfahrungen und neuen Herausforderungen knüpfen.

Kreativität lässt sich schwierig testen, einige wenige Verfahren lassen dies mittlerweile zu, z. B. Testverfahren zum divergenten Denken (vgl. Berk, 2005). Daria, 5 Jahre, sollte innerhalb einer Testung u. a. so viele Kreise wie möglich gestalten. Die Ergebnisse der Fünfjährigen sind faszinierend (vgl. Abb. 1). So hat sie z. B. mehrere Kreise zu einem Bild zusammengefügt oder den Kreis als Bildelement genutzt etc.

Abbildung 1: Ergänzende Aufgabe innerhalb einer Testung von Daria, 5 Jahre. Frau Schmitz mit freundlicher Genehmigung der Eltern zur Verfügung gestellt.

Ein paar Beobachtungen aus der Praxis, die unser Verständnis von kreativem Denken und Handeln in jungen Jahren deutlicher machen:

Ben, dreieinhalb Jahre

Das kreative Denken Bens, dreieinhalb Jahre alt, war nicht immer einfach hinzunehmen, da er schon sehr früh, sehr weit vorrausschauend dachte und mit seinen, zum Teil wirklich kuriosen Ideen nicht alle gleichermaßen begeisterte. Ben war halt alles in allem sehr intensiv:

Ben kommt mit halb heruntergelassener Hose aus dem Bad. In der linken Hand hält er eine Rolle Toilettenpapier, in der rechten Hand ein paar Streifen Papier: »Schau mal! Ich habe da eine Frage: Ich verstehe ja, warum auf manchem Toilettenpapier Fische und andere Meerestiere sind. Das hat bestimmt was mit dem Kreislauf zu tun, dass alles wieder ins Meer zurückfließen kann. Aber was ich gar nicht verstehe – und ich habe jetzt schon ganz lange darüber nachgedacht! ... Was ich gar nicht versteh ist, warum Schafe und Bären auf dem Toilettenpapier sind!«

Ben war es auch, der aus der Kinderspüle in der Puppenecke und Teilen des Kinderstaubsaugers eine Dusche baute. Er erfand auch stetig neue Spielregeln für Gesellschaftsspiele.

Hier konnte der Zusammenhang zwischen hoher Motivation, kreativem Denken und hoher kognitiver Begabung, sehr oft, sehr deutlich beobachtet werden. Ben war immer aus sich heraus motiviert, neue Dinge zu entdecken, zu erfahren und auszuprobieren.

Ein »Um-die-Ecke-Denker«, der zumeist laut beschrieb, welche komplexen Ideen ihm durch den Sinn gingen. Früh nutzte er schon Denktechniken, zum Beispiel Clustern und Brainstorming: »Kannst du bitte mal aufschreiben, was mir zu den Ameisen für Fragen eingefallen sind? Mach bitte eine Tabelle! Oben drüber muss groß AMEISEN stehen. Dann eine Spalte mit Essen und Trinken, eine Spalte, wo sie wohnen, eine Spalte mit den Feinden. Immer wenn mir was einfällt schreiben wir das dazu, okay?«

Schön zu beobachten war, dass er damit auch andere Kinder einbezog und später alle gemeinsam Plakate zu Themen erstellen konnten, die auf diese (kreative) Art und Weise entstanden.

4.2.9 Kreativitäts- und Motivationszünder

Gerade im Kindergartenalter durchleben Kinder prägende und bedeutsame Entwicklungsphasen, die im Zusammenspiel eine immense Bedeutung für die Reifung haben. Sowohl emotional, sozial und geistig sind Kinder gefordert und wachsen in diesen Bereichen.

Begabungen werden zunehmend sichtbarer, und Fördermöglichkeiten gibt es auf spielerische Art und Weise. Hier liegen, dank der guten Möglichkeiten, die die Kindergartenpädagogik hat, exzellente Chancen, alle Kinder spielerisch und individuell zu begleiten und zu fördern. Durch gut geschultes Personal, das über Erfahrungen mit Kindern in dieser Altersgruppe verfügt, lassen sich tatsächliche Entwicklungsunterschiede eher beobachten und entsprechend herauskitzeln. Motivation und Unterstützung, das Fordern und Fördern kreativer Prozesse, erhalten einen hohen Stellenwert.

Aus der Erfahrung heraus lässt sich deutlich unterstreichen, dass immer dann, wenn Kindern die Möglichkeit geboten wird, an ihren Stärken zu wachsen, ihnen Situationen geboten werden, hier Selbstbewusstsein »zu tanken«, im Laufe der Zeit auch motiviert an den Schwächen »gearbeitet« wurde.

Jakob, fünf Jahre

Jakob, versuchte jede Situation zu umgehen, in der er feinmotorisch tätig werden sollte. Seine kognitiven Leistungen waren dagegen herausragend. Er verfügte über ein riesiges Wissen in unterschiedlichsten Bereichen. Sachkenntnisse und Fachwissen zu allem was mit der Natur, dem Leben, Fahrzeugen, Lebensrettern und physikalischen Prinzipien zusammenhing, war sofort und geballt abrufbar.

Hier hielt er, einmal darauf angesprochen, kaum inne, zu erklären und Wissen zu unterschiedlichen Themen beizusteuern. Kam er jedoch in die Situation etwas Zeichnen, Malen, oder Schneiden zu müssen, holte er sich sofort Hilfe eines Erwachsenen oder eines kompetenten Kindes.

Im Zuge einer gruppenübergreifenden Projektarbeit faszinierten ihn die Nachbauten der Schreibtafeln und die Öllampen der alten Römer. Den Kindern war freigestellt, aus Ton eine eigene Öllampe zu werken und eine Mutter hatte sogar ihre Tondrehscheibe zur Verfügung gestellt.

Jakob verweigerte bis dahin jegliches Werken, jeden Kontakt mit Kleister, Ton und ähnlichem. Sein großes Wissen, um den Bau des Katapultes und anderen Dingen, hatte ihm unter Kindern und Erwachsenen einen »Expertenstatus« eingebracht. Sein Selbstbewusstsein war gewachsen und er brachte sich mit Freude ein. Die Atmosphäre war insgesamt offen zugewandt und jede*r Einzelne, mit seinen Fähigkeiten eingebunden. Nach einer Weile nutzte Jakob eine ruhige Phase, kurz vor Ende des Kindergartentages. Die meisten Kinder waren im Außengelände und Jakob wollte wissen, ob er sich denn auch alleine an die Töpferscheibe setzen dürfe, um auszuprobieren, wie diese funktioniert. Allein im Gruppenraum, in seinem Tempo und durch die bisherigen, positiven Erfahrungen gestärkt und motiviert, begann er seine eigene Öllampe zu gestalten. Ab diesem Zeitpunkt nutzte er immer wieder ruhige Tageszeiten, um feinmotorische Dinge zu testen. Er malte, zeichnete und nutzte Schere, Kleber und angebotene Aufgaben und Herausforderungen nun täglich. Hoch motiviert, fast schon so als wolle er alles nachholen, versuchte er fortan auch solche Tätigkeiten, die er bisher vermieden hatte. Eines hatte sich verändert – er wollte …

Die Kinder in diesen Beispielen fanden in der Kita eine motivierende und kreative Umgebung. Ein paar Merkmale, die eine solche Umgebung auszeichnen, sind im Folgenden zusammengetragen (vgl. Huser, 2001):

Fragenstellen hilft bei der Suche nach Antworten und animiert zum Weiterdenken. Dabei sind offene Fragen wichtig: »Wie kommst du darauf?«; »Was brauchst du dafür?«; »Was wäre, wenn …?«. Ein »Um-die-Ecke-Denk-Karussell« – diese Bezeichnung stammt von einem Kind, anlässlich einer Reflexionsrunde – kann täglich Kreativität und Lernmotivation anregen. »Was glaubst du, wäre, wenn wir keine Autos hätten?«; »Was denkst du, könnte man mit diesem Eimer noch machen?«

Aktivitäten, die Spaß bringen und Freude vermitteln, sorgen für eine angenehme Lernsituation, in der sich Kinder wohl und sicher fühlen können. Hier fällt es Kindern leicht, sich vielleicht auch mal auf ein Risiko einzulassen, etwas zu tun, oder zu fragen, was aus dem Rahmen fällt. Alle Fragen sind gut. Zuhören und Verständnis sind besser als Anweisungen.

Kein Erwachsener muss einem Kind beweisen, dass er »am längeren Hebel« sitzt: Das wissen Kinder ohnehin. Eine dialogische Grundhaltung und Bereitschaft zur Kommunikation sollten zum Grundverständnis werden. Versteht ein*e Erzieher*in oder ein*e Kindheitspädagog*in sich als Begleiter*in des Kindes (→ Kap.7), muss er*sie auch nicht in Konkurrenz treten oder Belehrende*r sein.

PARTIZIPATION ist ein wichtiges Element, um Motivation und Kreativität zuzulassen. Haben Kinder eine Stimme bei der Suche nach Aspekten, die für die Gemeinschaft wichtig sind, werden soziale Prozesse gefördert. Gemeinsame Suche nach Sinn und Bedeutung versetzen Kinder in die Lage, sich aktiv und altersentsprechend den Herausforderungen zu stellen. Motivierte Mitwirkung an der Selbstbildung und eine hohe Mitgestaltung von Bildungsprozessen können so umgesetzt werden.

Durch eine gute Beziehung zu pädagogischen Fachkräften, Eltern und anderen Kindern kann Lernen und Entdecken bedeutungsvoll werden. Manchen Kindern reicht es zur Motivation, wenn sie in Blickkontakt bleiben. In einem kurzen Blick kann Wohlwollen und Unterstützung ausgedrückt werden, um Kinder zu motivieren. Aufrichtiges Interesse und Anerkennung der Fähigkeiten dienen als Motor und sind prägend. Begeisterung zeigen und sich gemeinsam auf den Weg machen, sind hier Schlüsselelemente.

Der individuelle Entwicklungsstand des Kindes muss beachtet werden. Wofür interessiert sich das Kind momentan? Weshalb könnte dieses Interesse für das Kind von Bedeutung sein? Motivierend ist hier, eine Verbindung zwischen einer Herausforderung und dem Interesse des Kindes zu suchen. Grundsätzlich gilt, eine Über- oder Unterforderung bewusst im Blick zu haben. Manchmal kann es nicht schaden, das »Handtuch« ein bisschen höher zu hängen, die PROXIMALE ZONE DER ENTWICKLUNG zu beachten, damit Kinder sich ein wenig strecken dürfen.

Ziele angemessen fokussieren: Gerade begabte Kinder sollten früh damit konfrontiert werden, dass sie Ziele im Blick behalten müssen und nicht im Vorfeld schon die Motivation verlieren. Der Umstand, dass manche Dinge sehr leicht zu erlernen sind, ist leider nicht hilfreich, wenn es darum geht, andere Dinge Schritt für Schritt zu bearbeiten, um Strategien einzusetzen und entwickeln zu können. Sind Ziele hierbei zu hoch gegriffen, fühlen sie sich schnell als Versager und umgehen gerne erneute Versuche. Das Erreichen von Zwischenzielen sollte bewusst wahrgenommen und erkannt werden. Dazu gehört schon im Vorfeld, diese angemessen zu planen. Anfänge von Metakognition, also vereinfacht dem Denken über das Denken, können früh geübt werden.

Erfolge beachten und feiern: Ein jedes Projekt sollte beispielsweise mit einem Fest zu Ende gebracht werden. Hier können alle Produkte, Erfahrenes und Gelerntes in den Fokus genommen werden, um deutlich zu zeigen, was alles geleistet wurde. Ein großer Pool, um die Motivation und Kreativität der Beteiligten anzuheizen und zu bewahren. Lob und Verstärkung sind wichtige Grundsätze. Bauen Sie auf gemachtem Erfolg auf und nehmen Sie diesen Schwung weiter mit. Lob sollte aufrichtig benutzt werden (vgl. Webb, 2012), da viele Kinder sehr empfindsam auf Übertreibungen reagieren. »Du bist der beste Kuchenbäcker der Welt!«, könnte hier ein bisschen zu viel des Guten sein und Lobende machen sich selbst unter Umständen unglaubwürdig.

Tabelle 2: Kreativitäts-Motivationszünder und -killer (eigene Darstellung nach Huser, 2001)

Kreativitäts-Motivationszünder:	Kreativitäts-Motivationskiller:
»Das habe ich mir so noch nicht überlegt.«	»So was ist doch lächerlich!«
»Das ist eine sehr gute Idee!«	»Das ist jetzt nicht dran!«
»Interessant!«	»Blöde Frage!«
»Was meinen die Mädchen dazu?«	»Du fantasierst gerade!«
»Was denkst du dazu?«	»Du denkst viel zu kompliziert!«
»Sehr gute Frage – hat noch wer eine Frage?«	»Da ist noch nichts für dich!«
»Falsch gibt es hier nicht!«	»So was ist ja lächerlich!«
»Lasst uns alle Ideen aufschreiben!«	»Das gibt es doch gar nicht!«
»Wer weiß, was wir dazu brauchen?«	»Das ist so, weil ich es so sage!«
»Lasst uns noch mal zusammen überlegen!«	»Nerv doch jetzt nicht mit noch einer Frage!«
»Denk ruhig mal laut!«	»Darum geht es jetzt hier doch gar nicht!«
»Das ist jetzt aber wirklich spannend!«	»Jetzt nicht!«
»Sehr schön, dass du daran gedacht hast!«	»Verrückte Idee!«
»Super, dass dir das jetzt eingefallen ist!«	»Du schon wieder!«
»Toll, was du alles weißt!«	»Frag doch mal was Gescheites!«
»Das ist ja eine spannende Frage, darüber sollten wir zusammen nachdenken!«	»Dumme Idee!«
…	»Du immer mit deinen seltsamen Geschichten!«
	»Sowas kann ja nur von dir kommen!«
	»Kein anderes Kind kommt hier auf solche Ideen…!«
	»Jetzt übertreibst du aber!«
	»Sei doch nicht so empfindlich!«
	»Stell dich nicht so an!«
	»Davon stirbt man nicht!«
	»Petz nicht immer!«
	»Das geht dich nichts an!«
	»Musst du dich immer einmischen?«
	»Kümmere dich um deine eigenen Dinge!«
	»Dass du auch immer so kompliziert sein musst!«
	…

Sehr früh schon bemerken hochbegabte Kinder, dass sie in ihrem Denken und Empfinden anders sind und werden durch »Motivationskiller« eher noch bestärkt in der Annahme, sie seien »falsch« (→ Tab. 2). Hier wird schnell der Ansatz gelegt, dass Kinder ein negatives Bild ihres Selbst entwickeln und Selbstwert und Selbstbewusstsein können leiden.

Im besonderen Maße sehr junge Kinder, die hoch empfindsam auf die Anerkennung der Erwachsenen reagieren, lassen sich durch solche und ähnliche Aussagen schnell entmutigen und ziehen sich zurück.

Wiegeln Sie unkonventionelle Ideen nicht ab, so seltsam sie auch zunächst anmuten sollten. Bemängeln Sie bitte nicht die Neugier und den Erkundungsdrang der Kinder, indem sie den Antrieb versuchen zu unterbinden und beharren Sie nicht auf vorgegebene Lösungswege.

Tiefgründiges Denken wird gehemmt, Motivation schwindet und Kreativität wird unterdrückt, sofern Sie Ideen kritisieren und abfällig bewerten (»Unser kleiner Professor hat wohl einen Clown gefrühstückt«).

Sobald Sie eher mit Distanz auf gelungene Lösungen reagieren (»Das habe ich von dir auch nicht anders erwartet«), vermitteln Sie ein Gefühl, dass das Denken und Handeln des Kindes eigentlich so nicht erwünscht sind.

Im Kontext mit Ermahnung und Reglement können solche Bemerkungen ein ungutes Gefühl hervorrufen. Das Selbstwertgefühl des Kindes leidet und die Annahme, es wäre anders und einfach nicht richtig, verstärkt sich.

Auch in anderen Situationen lohnt es zu bedenken, ob die getroffene Wortwahl vielleicht doch andere Rückschlüsse beim Kind zulassen. Die folgende Episode beschreibt eine wirklich lustige, wenngleich sicher nicht einmalige Situation:

Justus, vier Jahre und neun Monate

Auf dem Weg zum Büro, bepackt mit diversen Ordnern, passiere ich eine Konstruktionsecke im Flur. In der Bauecke spielt Justus, fast fünf Jahre alt und nach meiner Einschätzung sehr begabt, in unterschiedlichen Bereichen. Nun stelle ich fest, dass die Bürotür geschlossen ist und ich, ohne alle gesammelten Werke abzulegen, wohl keine Chance haben werde, die Tür zu passieren. »Justus! Schau doch bitte mal, könntest du wohl die Tür öffnen?«

Justus schaut mich an, wendet seinen Blick zur Tür und antwortet: »Ja! Das könnte ich.«, und nimmt seine Tätigkeit ohne weitere Reaktion wieder auf. Für einen ganz kurzen Moment bin ich etwas irritiert, dann starte ich einen zweiten, ganz konkreten Aufruf: »Justus, öffnest du mir bitte kurz die Tür, ich schaffe das so bepackt gerade nicht gut alleine.«

Sofort steht das Kind auf, öffnet mir die Tür, hält diese auf und sagt:

»Ja klar! Warum sagst du das denn nicht gleich? Bitteschön! Soll ich sie dann wieder schließen, oder soll sie offenbleiben?«

4.3 Praxisbeispiele zu Beobachtungen von Kindern

Einige Praxisbeispiele sollen zeigen, wie unterschiedlich Kinder in den Begabungsbereichen entwickelt sind. Schon in ganz jungen Jahren sind viele der hier aufgezählten Varianten sichtbar und bieten erste Möglichkeiten, in eine weitere, intensivere Beobachtung zu gehen.

Celina, 7 Monate und Daniel, 12 Monate alt

Häufig zeigt sich, neben der oben schon genannten Wissbegierde, ein deutlicher Erkundungsdrang und eine ganz eigene »Wachheit«. Celina, die mit ihren sieben Monaten sofort den Blick zur Decke richtete und die Augen schon kaum merklich zusammenkniff, wenn jemand auch nur die Hand Richtung Lichtschalter streckte.

Ebenso wie Daniel, der gerade erst Laufen konnte, aber sofort das Körbchen mit den Taschentüchern ansteuerte, wenn ein anderes Kind Niesen musste oder ein Papierküchentuch brachte, wenn jemand beim Einschütten etwas vergossen hatte.

Besonders aufmerksam sollte man werden, wenn Kinder Aussprache, Rhythmen und Reime spielerisch weiter ausbauen, und/oder umwandeln, oder wenn die Erfahrungen von Kindern in erfundene Lieder und Geschichten einfließen. Auch das frühe Anwenden von Metaphern und Analogien, ein großer Wortschatz und der Versuch neue Wörter zu hinterfragen kann auf Begabung im sprachlichen Bereich hinweisen.

Elena, vier Jahre

Wie immer hörte Elena gebannt zu, als ihr Vater sich mit der Mutter unterhielt – im Verlauf des Gespräches benutzte sie den Begriff Autodidakt. »Papa, was bedeutet Autodidakt?«, »Nun, das heißt so viel, wie sich selber etwas beibringen ...«

Ein paar Tage später saß die Familie mit den Großeltern in einem schicken Restaurant, um gemeinsam zu Abend zu essen:

»Elena, mein Kind, du kannst aber schon prima mit dem Besteck umgehen«, lobte der Großvatervater seine Enkelin.

Beobachtung und Beobachtungsmerkmale 49

> »Tja, Opa, ich habe euch dabei zugesehen und dann habe ich es selber immer wieder versucht. Ich glaube, dass nennt man AUTODIDAKT!«, antwortete Elena. An diesem Tage feierte Elena ihren 4. Geburtstag.

Die meisten hochbegabten Kinder fangen sehr früh an, sich mitzuteilen, sprechen »ohne Punkt und Komma«, kommentieren ihre Tätigkeiten und hinterfragen Dinge und Situationen, sobald sie morgens die Augen geöffnet haben. Nicht unüblich sind Selbstgespräche, in denen neue Vokabeln integriert und »geübt« werden. Beobachtbar ist meist ein rasant anwachsender Wortschatz, spielender Umgang mit Wort, Wortnuancen, schnelles Verständnis und Anwendung von Grammatik, Satzaufbau und neuen Wörtern und Bedeutungen.

Alessio, vier Jahre

Als er wenige Wochen im Kindergarten war, sich schon sehr integriert und geöffnet hatte, d. h. er ließ zu, dass wir sein Potenzial erkennen durften, konnte folgende Situation beobachtet werden:

Ein anderes Kind der Gruppe, Finn, spielte sehr intensiv mit Alessio und nach einiger Zeit beschlossen die zwei, sich zu verabreden. Schnell erkannte Finn, dass es da ein nicht zu unterschätzendes Problem gab: »Aber du weißt doch gar nicht, wo ich wohne.« »Ist aber nicht schlimm«, beruhigte Alessio, »wie heißt denn deine Straße?«

»Eichenallee!« »Na, wie Eichen geschrieben wird, weiß ich auch noch nicht, aber ich kann Eichen malen – drei für die Nr. in der ihr wohnt und ›Allee‹ schreibt man glaub ich so ...«

Abbildung 2: Bild von Alessio

Auf dem Blatt war nun deutlich Allee zu lesen und drei Eicheln daneben gemalt. Anerkennend gab die Erzieherin zu verstehen, dass man das nun ganz deutlich lesen kann und auf meine Frage, woher er das denn so gut wisse, antwortete Alessio:

»Wörter sind mein Hobby, Allee war einfach, denn alle Buchstaben, die ich brauchte, sind doch in meinem Namen: Spreche doch mal genau! A, L, L, E, E. Siehst du, alle Buchstaben sind da! Genau dieselben wie in meinem Namen: A, L, E, S, S, I, O. Und die Buchstaben, die ich brauchte sind A, L und E. Und Zahlen merke ich mir auch ganz schnell, deswegen war das einfach. So konnte ich das!«

Alessio konnte auch auf eine ganz besondere Art und Weise puzzeln. Er drehte nicht wie andere Kinder seines Alters die Teile auf dem Tisch, um die richtige Position zu erkunden, sondern sah sich die Lücken im Puzzle an, observierte die verbliebenen Teile und konnte zielsicher das passende Stück an die richtige Stelle legen, nur durch seine Betrachtung.

Er bewies ein sehr hohes Detailwissen, zeigte eine exzellente Merkfähigkeit in unterschiedlichen Bereichen und liebte es, Muster zu legen und Dinge zu sortieren. Ebenso bemerkenswert waren sein guter Orientierungssinn und seine schnelle, ganz eigene Art, Dinge und Neues in seine Welt zu integrieren und sehr realistisch zu betrachten. Selbst kleinste Veränderungen in Räumen wurden sofort registriert und allein an der Zahl der parkenden Autos vor dem Tor konnte er darlegen, welche Kollegin schon im Haus war und wer noch nicht. Ein kurzer Blick in die Garderobe der Kinder reichte, um genau wiedergeben zu können, welches Kind noch nicht in der Kita war.

Das Besondere an diesen Beobachtungen war, dass Alessio dies in sehr jungen Jahren, zwischen seinem zweiten und vierten Lebensjahr schon erkennen ließ.

Finja, drei Jahre

Ähnlich zeigte sich Finja, eine Dreijährige, die vor allem einen sehr hohen Gerechtigkeitssinn deutlich werden ließ und schon früh, sehr kritisch im Umgang mit Erwachsenen war. Handlungen und Regeln wurden hinterfragt und einsehbare Begründungen gefordert: »Warum dürfen nur drei Kinder in die Puppenecke, Platz ist doch für mehr Kinder?«; »Wieso ziehst du denn keine Hausschuhe an und ich muss?«; »Weshalb darf Benjamin nicht mit bauen? Er hat doch immer die besten Ideen und kann schon richtig zählen?«: »Warum schimpfst du mit Diana, die wollte doch nur was trinken gehen und nicht einfach weglaufen?«

Ihr forderndes und kritisches Verhalten stieß nicht immer auf großes Verständnis, da sie zudem recht schnell in ihren Stimmungen schwankte und Antworten beharrlich einforderte.

Nicht alle Erwachsenen konnten gut mit der Ausdauer und echten Betrachtung des Kindes umgehen. Zu bedenken war stets, dass Finja zwar früh schon zu sehr hohen kognitiven Leistungen fähig war, in ihrem Verhalten aber immer noch die Dreijährige war, die in manchen Dingen halt auch sehr kindlich reagierte. Dies führte in manchen Situationen zu Unverständnis und verfälschte bisweilen die Beobachtung der hohen Fertigkeiten.

Finja brillierte auch durch ihre immense Merkfähigkeit. Innerhalb der Projektarbeiten gab es zumeist ein groß angelegtes Abschlussfest. Hier wurden die erfahrenen Inhalte meist in einem Theaterstück dargeboten.

Per Zufall ergab es sich, dass eines der Vorschulkinder, ein Hauptakteur, krank wurde und während der Generalprobe nicht in der Kita sein konnte. Mühsam übernahmen andere Kinder provisorisch die Texte, damit die Probe nicht ins Stocken geriet. Finja, zu diesem Zeitpunkt vier Jahre alt, war dabei. Irgendwann brachte sie sich ein: »Aber da muss doch jetzt erst einmal die Rolle von Grit gesprochen werden.« Finja setzte in diesem Moment an und sprach die Reime des anderen Kindes.

Nicht nur diese Rolle hatte sie komplett abgespeichert, Lieder und Texte, aller Kinder konnte sie beitragen. Fortan fungierte sie als Souffleuse für alle anderen. Selber darstellen mochte sie sich zu diesem Zeitpunkt noch nicht, aber diese Rolle, fast unsichtbar im Hintergrund, gefiel ihr sehr und verschaffte Finja zudem großen Respekt von den älteren Kindern.

Durch das Zutrauen welches ihr entgegengebracht wurde und dem »normalen« Umgang mit ihren verblüffenden Fähigkeiten, gab Finja mehr und mehr Einblick in ihr Können. Zugleich wuchs ihre Bereitschaft, neue Dinge zu erkunden und auszuprobieren. Immer auf dem Sprung in die nächste Zone, zeigte Finja Fertigkeiten, die eigentlich erst bei Kindern zu erwarten waren, die bis zu zwei Jahren älter waren als sie selbst.

4.4 Verwirrende Beobachtungen

Zuweilen erleben wir Kinder, die sehr passiv Freundschaft mit älteren Kindern suchen und mit altersgleichen Kindern kaum Kontakt herstellen. Ebenso kennen wir Kinder, die lange Zeit in der Beobachterrolle bleiben, immer die Nähe des Erwachsenen suchen und eine große Scheu vor Neuem zeigen.

Hier kann es sich um Kinder handeln, die sehr intensiv von anderen und in neuen Situationen lernen, Kinder die eine gute Vorstellung davon haben, was passieren könnte, wenn ... – daher werden Situationen zunächst vermieden, bis sich das Kind sicherer im Umgang, im Handling und der Ausführung ist.

Durch den Wechsel der Perspektive sehen wir dann Kinder, die sehr bedacht sind, Dinge richtig zu machen und mit hoher Perfektion an Aufgabenstellungen herangehen. Oder sich auch ganz bewusst gegen etwas entscheiden, um andere nicht zu verletzen, oder Dinge zu tun, die anderen Kindern und Erwachsenen vielleicht nicht recht sind.

Gezeigt werden hohe empathische Fähigkeiten und ein recht weiter Blick über den Tellerrand. In der Praxis erleben wir vor allem Mädchen, die sich schon früh anpassen und nicht auffallen möchten (→ Kap.6).

Ein weiterer, durchaus verwirrender Umstand sind Kinder, die einerseits extrem kundig und wissend sind, einen reichen Schatz an Sachkenntnis und durchaus sehr reife Ansichten haben. Andererseits lassen sich zum Teil ASYNCHRONE ENTWICKLUNGEN beobachten, beispielsweise eine scheinbar verzögerte motorische Entwicklung, die im Gegensatz zur kognitiven Entwicklung steht. Hinzu kommt ein ungeheurer Gerechtigkeitssinn, der sie sehr vernünftig und »altklug« erscheinen lässt. Im Gegenzug können sie jedoch in manchen Situationen extrem weinerlich, oder auch über alle Maße albern erscheinen. Hier zeigen sehr junge Kinder vielleicht schon ein Wissen und Kenntnisse, die weit über ihrem Altersdurchschnitt liegen, insgesamt sind sie jedoch genauso jung, wie sie tatsächlich auch sind und benehmen sich dann auch dementsprechend. Will heißen, alle anderen Bereiche sind der Altersnorm vergleichbar entwickelt. Ein dreijähriges hochbegabtes Kind ist halt immer auch ein dreijähriges Kind und gefühlsmäßig mit den gleichen Dingen zu begeistern und zu bestürzen wie andere Kinder in diesem Alter auch.

4.5 Merkmalslisten zur Beobachtung

Viele gängige Merkmalslisten, in Fachbüchern und Broschüren (siehe Literaturverzeichnis), lassen nach guter Betrachtung und Beobachtung Rückschlüsse zu. Allerdings ist vor einer zu schnellen Kategorisierung zu warnen. Es hilft nicht, Kinder zu schnell in Schubladen zu stecken. Beobachten geht immer vor Beurteilen. Die Merkmals- und CHECKLISTEN und Modelle sind nur Annäherungen an die Wirklichkeit. Im Umgang mit Kindern ist es immer besser, sich von der Wirklichkeit überraschen zu lassen.

Um eine Vermutung zu untermauern, sollten sowohl Betrachtungen mit weiteren Kolleg*innen, mit den Eltern und anderen an der Erziehung beteiligten Personen geteilt und gesammelt werden. So können Fehleinschätzungen und Missverständnisse in der Betrachtung vermieden werden.

Beide Varianten, sprich erstens zu vermuten, das Kind sei hochbegabt, ebenso wie zweitens, die Einschätzung, das Kind ist altersgemäß entwickelt, führen zu Fehlinterpretationen, fördern unnötigen Druck und unberechtigte Forderung an das Kind oder vermeiden die positive Förderung von Begabungen und Fähigkeiten.

4.6 Stolperfallen in der Beobachtung

Stolperfallen in der Beobachtung verfälschen die Einschätzungen des Entwicklungsstandes und der Kompetenzen der Kinder.

Jede*r Beobachter*in hat eine eigene Wahrnehmung der Wirklichkeit. Die persönliche Betroffenheit, der eigene soziale Hintergrund, die eigenen Gefühle, Bedürfnisse und Einstellungen, oder auch die aktuelle Tagesform beeinflussen die Beobachtung und ihre Interpretation.

Bei zu schneller Deutung der gemachten Beobachtungen und fehlenden Kenntnissen kann es zur Überforderung, durch zu hohe Erwartungen an das Kind, kommen.

> **Zusammenfassung**
> Auf Basis der Bildungsempfehlungen besteht die Verpflichtung der Entwicklungsdokumentation von Kindern. Ein bestimmtes Instrument wird nicht vorgegeben. Einige Träger haben Dokumentationsbögen entwickelt, die in ihren Einrichtungen genutzt werden. Darüber hinaus gibt es eine Vielzahl von standardisierten und nicht standardisierten Instrumenten.
> Fokussierte zielgerichtete Beobachtung ermöglicht ein kompaktes Bild vom Kind. Wichtig: Passgenauigkeit der Instrumente, Qualität als Leitgedanke, Umsetzbarkeit angepasst und in der Konzeption der jeweiligen Einrichtung integriert.

Nachgefragt und weitergedacht
- Weiß ich noch, wie ich selbst als Kind am besten gelernt habe?
- Welche relevanten Erfahrungen mit Selbstbildungsprozessen habe ich als Kind gemacht?
- Welche Hilfestellungen von Erwachsenen habe ich als unterstützend, welche als eher hinderlich erfahren?
- Welche Erwartungen in Bezug auf Bildung steuern mich vielleicht von außen (Eltern, Schule, Gemeinde, Gesellschaft, Politik)? Wie reagiere ich auf diese Anforderungen und wo hemmen sie mein Tun?
- Wie wird der Begriff Bildung im Team und vom Träger definiert? Wo liegt die Unterscheidung vom Begriff des Lernens oder der Entwicklung?

- Was verstehe ich persönlich unter Selbstbildungsprozessen, Selbstbildungspotenzialen und -ressourcen?
- Wie und wo sehe ich mich in der Rolle, Kinder als Akteur*innen ihrer eigenen Entwicklung zu sehen?
- In welchem Rahmen betrachte ich Kinder, um sie in ihren Bildungsprozessen zu unterstützen?
- Wie entdecke und beobachte ich, welche Förderung, Begleitung und auch Zurückhaltung sie individuell benötigen? Wie überprüfe ich, ob meine Begleitung unterstützend und fördernd ist?
- Wie und woran erkenne ich, ob unsere Kita eine gute Bildungseinrichtung ist, in der Bildungsprozesse vonstattengehen?
- Woran erkenne ich Interesse und Engagiertheit der Kinder, und dass ein Kind bei Herausforderungen und Schwierigkeiten standhält und kooperativ in der Gemeinschaft mitwirkt? Kann ich konkrete Beispiele dazu direkt benennen?
- Welche Haltung nehme ich dabei ein?

Kapitel 5 Diagnostik und Begabung

 Wo ist die Abgrenzung zwischen Beobachtung und Diagnostik? Welche Diagnoseverfahren nutzen Psychologen zur Testung? Was sind gängige »Instrumente«? Ab welchem getesteten IQ wird Hochbegabung diagnostiziert?

Bei der Beschäftigung mit hochbegabten Kindern kommt niemand um die den Bereich »Diagnostik« herum. In der Regel wird bei jüngeren Kindern »auf Verdacht« gefördert. Mit dem Alter der Kinder steigt die Zahl derer, die in Beratungsstellen auftauchen. Hier finden viele eine fachlich gesicherte Diagnostik. Auch eine professionelle Beobachtung ersetzt keine Diagnostik.

5.1 Eine Differenzierung

Was ist der Unterschied von professioneller Beobachtung und Diagnostik?
  In Anlehnung an Jäger (2007) definieren Ulber und Imhof (2014) Diagnostik folgendermaßen.

»Diagnostik besteht im systematischen Sammeln und Aufbereiten von Informationen mit dem Ziel, Entscheidungen und daraus resultierende Handlungen zu begründen, zu kontrollieren und zu optimieren. Solche Entscheidungen und Handlungen basieren auf einem komplexen Informationsverarbeitungsprozess [...]« (Ulber/Imhof, 2014, S. 28)

Neben der Beobachtung können hier auch Gespräche, Anamnesebögen und Tests (medizinische und psychologische Verfahren) einbezogen werden. Die Frage nach dem Grund der Begabungstestung sollte im Fokus stehen. Was erwarte und erhoffe ich mir, wenn ich ein Ergebnis vorliegen habe? Zu welchem Zweck ist es notwendig, zu diesem Zeitpunkt eine Intelligenzmessung durchführen zu lassen? Meist sind es Fragen zu einer vorzeitigen Einschulung, oder der Wunsch nach adäquater Förderung, die eine Testung notwendig machen.

An dieser Stelle sei deutlich darauf hingewiesen, dass unsere Empfehlung ist, immer nach psychologischen Fachleuten zu suchen, die sich mit der Thematik Hochbegabung auskennen und gute Kenntnisse zu den Bedürfnissen und kindlichen Verhaltensweisen haben.

5.1.1 Einmal hochbegabt, immer hochbegabt?

Da die kindliche Entwicklung in frühen Jahren noch sehr sprunghaft voran schreitet, sind die Ergebnisse meist nicht stabil und erlauben nur eine Momentaufnahme. Eine Tendenz lässt sich sicher beschreiben, aber Gewissheit, ein stabileres Ergebnis, bieten erst Verfahren in späteren Jahren. Die meisten Expert*innen beschreiben hier das Schulalter, um stabilere Aussagen bzw. Testungen vornehmen zu können (vgl. Stapf, 2010).

5.1.2 Hochbegabung testen

Die Grenze zur Hochbegabung scheint relativ willkürlich, was dem Umstand geschuldet bleibt, dass es keine hundertprozentig geltende Formulierung gibt. Je nach Forscher und Wissenschaftler wird die beschriebene Grenze bei INTELLIGENZQUOTIENT (IQ) 120, 130, manchmal erst 140 definiert (vgl. Huser, 2001). Für die Kita-Praxis spielen diese Grenzwerte keine Rolle. Einmal wegen der oben genannten Altersproblematik und zum anderen, weil es für eine individuelle Förderung nicht relevant ist, ob ein Kind einen IQ von 130 oder 125 hat.

IQ-Tests gibt es auch schon für Kinder unter drei Jahren. Die Aufgaben basieren dann meist auf Bildern – Muster müssen erkannt und zugeordnet werden, oder eine geometrische Form dreidimensional nachgebaut bzw. gepuzzelt werden. Testverfahren müssen strengen Qualitätskriterien, wie OBJEKTIVITÄT, VALIDITÄT und RELIABILITÄT (vgl. Holling/Kanning, 1999), genügen. Da alle Testverfahren kulturabhängig sind, müssen Sie regelmäßig geeicht werden, d. h. an kulturelle Veränderungen angepasst werden. Die Testverfahren sind standardisiert und es benötigt Erfahrung und Training in Durchführung und Analyse. Außerdem variieren die Tests in ihren Intelligenzkonzepten und legen unterschiedliche Schwerpunkte.

Einige Orientierungspunkte zu Testsituationen für pädagogische Fachkräfte und Eltern sind im Folgenden genannt:
– Es ist nicht sinnvoll, mit den Kindern vor dem Test zu »üben«.

- Eltern sollten dem Kind erklären können, dass dort jemand sein wird, der sich anschaut wie schnell und gut es denken kann. Es wird Aufgaben und Rätsel geben und Fragen, die es beantworten soll.
- Zu betrachten wäre auch die Tagesform des Kindes. Kränkelt das Kind, oder ist es schon krank, sollte der Termin verschoben werden.
- Die »Chemie« zum Tester spielt ebenfalls eine Rolle und sollte stimmig sein, da es sonst zur Verweigerung kommen kann.
- Sind Kenntnis und Erfahrung des Testers deutlich?
- Gibt es eine Anamnese, ein Vorgespräch und eine Nachbesprechung?
- Ist das Testverfahren eines, das zur Fragestellung bei Hochbegabung herangezogen wird?
- Ist der Test neueren Datums?
- Gibt es einen ausführlichen Bericht?

5.2 Gängige Testverfahren

Intelligenztests messen die Leistungsfähigkeit von Kindern im Hinblick auf die Kriterien »Zeit für die Lösung« und »Richtigkeit der Lösung«. Sie können also nur für objektiv messbare Merkmale genutzt werden und sind an einer repräsentativen Alterskohorte genormt.

Zur Auswertung der Leistungsfähigkeit gibt es eine große Vielfalt an Testverfahren (vgl. Stapf, 2010). Die hier zusammengetragenen ergeben in der Summe kein Ranking nach Anwendbarkeit, sondern lediglich eine Beschreibung von häufig verwendeten Testverfahren in der psychologischen Beratung.

Der *Wechsler Intelligence Scale For Children (WISFC)* ist einer der am häufigsten verwendeten Intelligenztest für Kinder. Hierbei gibt es verschiedene Untertests, die Teilintelligenzen des Kindes überprüfen. Somit wird aus Sprachniveau, logischem Denken, Konzentrationsfähigkeit, Arbeitsgeschwindigkeit, und weiteren, ein Gesamt-IQ-Wert errechnet. Genauso ist der *Wechsler WPPSI-III* unter Psychologen zum Testen der Gesamt-Intelligenz von Vorschulkindern anerkannt. Dieser testet unter anderem den passiven und aktiven Wortschatz der Kinder, das Allgemeinwissen und die Verarbeitungsgeschwindigkeit.

Der Intelligenztest *BIVA* (Bildbasierter Intelligenztest für das Vorschulalter) ist ein intelligenzdiagnostisches Verfahren für drei- bis siebenjährige Kinder. Die zu bewältigende Intelligenzanforderung ist hauptsächlich an bildliches Material gebunden.

Beim Intelligenztest *HAWIVA-III, deutsche Version des WPPSI-III Wechsler-Test für das Vorschulalter* (vormals HAWIVA-III Hannover-Wechsler-Intelligenztest für das Vorschulalter) steht eine aktuelle Adaption der amerikanischen *Scale of Intelligence* III von 2002 zur Verfügung. Hier wird die kognitive Leistungsfähigkeit von Kindern im Alter von drei bis sieben Jahren ermittelt. Es ist ein individuell anzuwendendes diagnostisches Verfahren zur Erfassung der allgemeinen Intelligenz, der Leistungsfähigkeit im KOGNITIV verbalen und praktischen Leistungsbereich. Diese Fähigkeiten werden durch die Skalen *Verbal- und Handlungsteil* sowie *Geschwindigkeit der Verarbeitung* und die *Allgemeine Sprachskala* zusammengefasst.

Adaptives Intelligenz Diagnostikum (AID) wird zur Erfassung basaler und komplexer Kognitionen bei Kindern und Jugendlichen verwendet. Hier werden verschiedene Einzelvergleiche durchgeführt. Unterschiedliche Fragen zum sprachlich-logischen Denken, zum formal-logischen Denken, zur Merkfähigkeit und zur sozialen Sensibilität fließen zusammen. Neben dem Durchschnittswert der Intelligenz erhält man ein Profil über Fähigkeiten, Stärken und auch Schwächen des Kindes. Der AID-Test orientiert sich inhaltlich an dem Wechsler-Test.

Coloured Progressive Matrices (CPM) sind für den Altersbereich 3 Jahre 9 Monate bis 11 Jahre 8 Monate normiert. Die Kinder müssen aus sechs vorgegebenen Antworten die wählen, die das zu vervollständigende Muster ergänzen. Insgesamt besteht der Test aus 36 Aufgaben und gibt Einblick in verbale, numerische und figurale Bereiche, dem schlussfolgernden Denken, der Merkfähigkeit und Verarbeitung.

Kaufman Assessment Battery for Children, dt. Version (K-ABC) erfasst intellektuelle Fähigkeiten und erworbene Fertigkeiten. Auch sprachungebundene Leistungen werden erfasst. Er kann ab zweieinhalb Jahren eingesetzt werden.

Intelligenztests liegen in Testbatterien mit genauer Nutzungsbeschreibung vor, aber um sie durchzuführen, bedarf es einer spezifischen Ausbildung und eines Trainings. Die Testverfahren sind genormt und müssen regelmäßig erneuert werden. Außerdem bedarf es einer testtheoretischen Beschreibung der Verfahren, um ihre Verlässlichkeit überprüfbar zu machen.

Zum Abschluss des Kapitels noch eine kleine Episode, die die Notwendigkeit verdeutlichen kann, warum das Wissen, die Erfahrung mit Hochbegabung und die Sensibilität des Testers wichtig sind:

Anna, sechs Jahre

In einer Beratungsstelle wurde ein sechs Jahre altes Mädchen getestet. Etwa in der Mitte des Tests wurde ihr die Frage gestellt, wie viele Jahreszeiten es gebe. Das Mädchen zögerte und ihr war anzusehen, dass sie konzentriert überlegte, was sie antworten solle. Die Psychologin ließ ihr ein wenig Zeit, wollte nach einer Weile dann jedoch wissen, was das Kind bewegte: »Du weißt doch sicher, wie viele Jahreszeiten es gibt. Ich sehe, dass du gerade richtig schwer überlegst. Magst du mir sagen, was du denkst?« »Ja, warte mal kurz«, antwortete das Mädchen, »natürlich weiß ich, dass es Frühling, Sommer, Herbst und Winter gibt! Aber ich muss gerade noch darüber nachdenken, ob denn die Dürrezeit in Afrika und die Regenzeit in Asien wohl auch feste Jahreszeiten sind, oder nicht.«

Die Frage konnte zwar regulär nicht gewertet werden, erlaubte aber wichtige Rückschlüsse auf das Denken des Kindes. Hier wird deutlich, dass ein negatives Testergebnis nicht immer belegt, dass ein Kind nicht hochbegabt ist. Ein positives Gesamtergebnis kommt nie zufällig zustande.

Zusammenfassung
Es gibt bereits Diagnoseverfahren, die bei Kindern unter drei Jahren angewendet werden könnten. Hier stellt sich jedoch die berechtigte Frage: Zu welchem Zweck? Da die kindliche Entwicklung in frühen Jahren noch sprunghaft voranschreitet, sind die Ergebnisse meist nicht stabil und erlauben nur eine Momentaufnahme.
Eine Tendenz lässt sich beschreiben, aber Gewissheit – ein stabileres Ergebnis – bieten erst Verfahren in späteren Jahren, beginnend mit dem Schulalter.
Wichtig ist, dass der*die testende Psycholog*in Kenntnis zur Begabungsdomäne hat, wie das Beispiel deutlich gemacht hat.

Für die Praxis
 Weitere Testverfahren, umfangreiche Informationen und Erläuterungen dazu sind unter https://www.testzentrale.de, oder http://www.fachportal-hochbegabung.de/intelligenz-tests zu finden.

Nachgefragt und weitergedacht
- Sind Ihnen die Unterschiede zwischen Beobachtung und Diagnostik deutlich?
- Welche Vorarbeit zur Diagnostik kann in der Kita geleistet und beigesteuert werden?
- Welche Aspekte und INDIKATOREN sollten in Bezug zur Testung berücksichtigt sein?

Übungsaufgabe zum Verständnis
Eltern möchten eine Empfehlung zur Testung ihres Kindes. Was können Sie ihnen raten bzw. empfehlen?

Kapitel 6 Exkurs: Hochbegabte Mädchen

 Gibt es geschlechtsspezifische Unterschiede in der Betrachtung von Hochbegabung? Zeigen Mädchen ihre Begabung anders als Jungen? Gibt es vielleicht mehr hochbegabte Jungen als Mädchen? Welche Aspekte sollten (in der Beobachtung) bei Mädchen noch stärker berücksichtigt werden?

Bei aller individuellen Unterschiedlichkeit von besonders begabten Kindern, gibt es dennoch einen geschlechtsspezifischen Aspekt, der eine Betrachtung notwendig macht. Es zeigt sich, dass in den Beratungen häufiger Jungen vorgestellt werden. Woran liegt das?

Hannah, drei Jahre

Mit drei Jahren kam Hannah in die Kita. Auffällig war vor allem zu Beginn, dass sie sich sehr schnell von ihrer Mutter löste und nach einer Eingewöhnungszeit von zwei Tagen ihre Mutter, kaum dass sie in der Kita begrüßt worden war, nach Hause schickte: »Mama, ich glaube du kannst fahren. Du kommst mich ja dann am Nachmittag wieder abholen.« Ein kurzer Blick zur Erzieherin holte auch ihr Einverständnis ein und beide begleiteten die Mutter noch zur Gruppentür.

Hannah wich zunächst nicht von der Seite der Erzieherin. Sie stellte hin und wieder Verständnisfragen zur Organisation und zum Ablauf. Der Erzieherin selber war zwar bewusst, dass es durchaus ungewöhnlich war, dass sie so viele Dinge hinterfragte. Aufgrund ihrer sehr ruhigen, nicht fordernden Art, nahm sie es jedoch eher als glücklichen Umstand hin. Da sie mit ihrer Mutter und den Großeltern alleine lebte, schien sie es gewohnt zu sein, mit Erwachsenen zu kommunizieren. Ihr Wortschatz war sehr ausgeprägt und bei Kolleginnen galt sie als altklug – gar noch nicht negativ bedacht, aber damit schienen einige ihrer Verhaltensweise gut umschrieben zu sein.

Hannah war schnell in die Gruppe integriert. Übernahm kleinere Aufgaben, wie Tisch decken, aufräumen und anderen beim Anziehen helfen, ohne weiter zu fragen. Selbstverständlich brachte sie sich dort ein, wo Hilfe offensichtlich benötigt wurde.

Nach ca. drei Monaten sprach sie plötzlich etwas »verwaschener«, artikulierte nicht mehr ganz so sauber und lispelte leicht. Grammatik schien just nicht mehr so gut zu funktionieren und sie vertauschte Artikel. Im Gespräch mit der Mutter wurde deutlich, dass sie dieses Verhalten nur in der Kita zeigte. Zu Hause sprach sie gewohnt gut und deutlich. Der Wortschatz hatte sich laut Mutter eher gesteigert und neue Worte waren integriert worden. Die Mutter und die Erzieherin verabredeten, dass die Erzieherin dieses Phänomen im Auge behalten würde. Einige Zeit später ergab es sich, dass Hannah gemeinsam mit der Erzieherin ein Bilderbuch betrachtete und Hannah einige sehr präzise Fragen dazu stellte: ohne zu lispeln, mit richtigen Artikeln und sehr akzentuiert in der Aussprache. Etwas später wurde sie mit einer Gruppe Mädchen in der Bastelecke beobachtet, und die Aussprache war wieder verwaschen und weniger genau in der Wahl der Wörter und Artikel. Dasselbe Phänomen wurde ein weiteres Mal von der Erzieherin beobachtet, die Hannah darauf ansprach:

»Sage mal, kann es sein, dass du zwei Sprachen sprichst?« Hannah: »Wieso meinst du, dass ich zwei Sprachen spreche?« »Nun, einmal die Sprache, die du mit deiner Mama und mit uns Großen sprichst und eine Sprache, die du mit den anderen Kindern sprichst.« Hannah sah mich fragend an: »Aber das muss ich doch!« »Wieso musst du das?« »Na, die sprechen doch auch so und wenn ich nicht so sprechen würde, würden sie mich vielleicht nicht richtig verstehen.«

Hannah hatte sich also ganz selbstverständlich dem Sprachniveau der anderen Kinder angepasst. Faszinierend war der Umstand, dass sie je nach Bedarf wechselte, quasi von jetzt auf sofort von Kinderniveau auf Erwachsenenniveau wechseln konnte. Eine hohe kognitive Leistung.

In Folge war schnell deutlich, dass sie sich immens schnell Liedertexte, Reime, Geschichten, Regeln und Spielanweisungen merken konnte. Ein Blick in der Garderobe ließ sie deutlich wissen, wer anwesend war und wer nicht. Beim Einräumen hatte sie ganz eigene, sehr symmetrische Vorstellungen und wusste ganz genau wo und an welcher Stelle, was zu finden war. Ihr oberstes Bemühen galt tatsächlich dem Aufwand, niemandem zu zeigen, was sie tatsächlich schon wusste und konnte. Nur wenigen Erwachsenen war vorbehalten, ihre Fertigkeiten zu kennen. Anerkennung und Akzeptanz gab sie jedoch nur dann zurück, wenn diese Kenntnis nicht in den Fokus genommen wurde. Es war Hannah beispielsweise ein Gräuel, im Mittelpunkt zu stehen, oder vor der Gruppe auf etwas angesprochen zu werden, was sie sicher wusste bzw. konnte. Gab sie sich selber ein, konnte man sie auch fordern und vor neue Aufgaben stellen.

Auch andere Dinge ließen vermuten, dass Hannah besonders begabt sein könnte: Eine ganz eigene Art Fragen zu stellen, sehr früher Umgang mit Ironie und der immens schnell wachsende Wortschatz sowie ein großes Gespür für Mengen und das hohe Interesse an Buschstaben, waren nur einige dieser beobachtbaren Aspekte.

Schwierig war jedoch, dies aus ihr herauszulocken. Kaum auf eine Fähigkeit angesprochen, kroch sie zurück in ihr Schneckenhaus und wollte nicht mehr dazu angesprochen werden.

Der geeignetste Weg, sie hier anzunehmen, ihre Fähigkeiten anzuerkennen, war der, ganz selbstverständlich, ohne es zu kommentieren, darauf einzugehen. Ein anerkennendes Nicken, freundlicher, aber kontinuierlicher Blickkontakt und so etwas wie ein stumm gesandtes Einverständnis waren im Falle Hannahs die besten Methoden, ihr entgegenzukommen und ihr Können anzuerkennen. Eine fast nebenbei erwähnte Einladung (»Möchtest du vielleicht?«) war hier besser als eine Ansprache vor der gesamten Gruppe.

6.1 Ein kurzer Vergleich: Mädchen und Jungen

Einige in der Praxis beobachtbare Unterschiede kurz zusammengefasst:

Tabelle 3: Übersicht hochbegabte Mädchen, hochbegabte Jungen
(eigene Darstellung nach Wagner, 2002; Wiezerkowski et al., 2002; Stapf, 2010; Webb, 2015)

Hochbegabte MÄDCHEN	Hochbegabte JUNGEN
- Mehr generelles Interesse am sozialen Umfeld	- Interesse eher an Gegenständen,
- Neigen weniger bzw. gar nicht zu regelgeleiteten, kooperativen Spielen	- Strukturierte Spiele werden bevorzugt
- Konzentrierter im Tun, Beobachten und Zuhören	- leichter ablenkbar
- Früher, höheres Sprachverständnis/Mengenverständnis	- eher u. mehr Toben, Kräfte messen
- Reagieren auf beide Geschlechter	- Trauen sich eher mehr, experimentieren, testen aus,
- Spiel häufig nur zu zweit	- Reagieren mehr auf männliche Personen
- Unspezifische, breite Interessen, oder unauffällige Tätigkeiten - z. B. Interesse an Natur und Tieren	- Spielen häufiger in größeren Gruppen
- Reaktion auf Unterforderung = Lustlosigkeit, Zurückgezogenheit, Launenhaftigkeit/Stimmungsschwankungen	- Bevorzugen männliche Spielpartner
- Psychosomatische Beschwerden (z. B. Bauchweh, Kopfschmerz)	- Besonderes Interesse an technischen- und naturwissenschaftlichen Themen
- Orientierung an Jüngeren - Passung an andere Kinder	- Reaktion auf Unterforderung = Clownerie, Aggression
	- Zielorientierte Orientierung an den Bedürfnissen
	- Offener Protest
	- Eher aggressives Verhalten, unkontrollierbare Wutausbrüche
	- Fordern häufiger aktive Begleiter*innen/ erwachsene Animateur*innen

Hochbegabte MÄDCHEN	Hochbegabte JUNGEN
- an den Bedürfnissen anderer orientiert - Innere Emigration - Seltener offene Aggressivität - Beschäftigen sich häufig selbst - Interessen sind schwer zu fassen – nicht eindeutig in eine bestimmte Richtung - Oft sehr ordentlich, viel Struktur - Unterstützung oft nicht gut und zeitnah möglich, da nicht deutlich wird, wo die konkrete Problemlage ist - In der Schule – sprachliche Aufgaben werden scheinbar schneller erfasst - Interesse für Bücher, Kunst, Biologie und Germanistik scheint höher zu sein - …	- Allrounder – alles, viel, möglichst von allem etwas - Weitgestreute Tätigkeiten – Chaos im Zimmer und überall dort, wo Jungen agieren - Fordern Unterstützung deutlicher ein, durch auffälligeres Verhalten - Räumliche und mathematische Aufgaben scheinen schneller bearbeitet zu werden - Interesse für Mathematik, Naturwissenschaften, Astronomie, Politik und Wirtschaft scheint höher - …

6.2 Aufmerksamer Umgang gibt Zuversicht

Es gilt besonders aufmerksam im Umgang mit stillen, sehr angepasst scheinenden Kindern zu sein. Bei Rückzug und Beschwerden kann immer auch eine Unterforderung die Ursache sein. Vorbilder, also Frauen, die vielleicht Ungewöhnliches leisten, können thematisiert werden.

Abbildung 3: Kunstwerk von Hannah

Hannah, drei Jahre

Eine besondere Wertschätzung sollte auch verrückten Ideen gelten. In der Abbildung ist ein Kunstwerk von Hannah zu sehen. Anlass waren Styroporelemente, die sie in den Mülleimer bringen sollte. Auf dem Weg dorthin wog Hannah die unterschiedlich großen Teile in den Händen, betrachtete diese und kam unverrichteter Dinge zurück: »Das kann ich aber noch gebrauchen!«
»Was möchtest du denn damit tun?«, wollte die Erzieherin wissen. »Na, was basteln!« Sie bekam die Gelegenheit. Suchte sich und nutzte angebotene Materialien, brachte in Folge viele Dinge von zu Hause mit, wie kleine Spiegelstücke, Perlen, Pailletten, Glitzer und vieles mehr und durfte mit Miniheißklebepistole arbeiten.
Hannah schuf ein fantastisches, sehr buntes Gemälde. Viele Kinder taten es ihr nach und es entstanden in Klein-, Teil- und Partnerarbeiten unterschiedlichste Gebilde, die lange den Eingang verzierten.

Weiterführende Achtsamkeit

Noch mal ein Blick in Hannahs Geschichte: Nach einer stabilen, aus Hannahs Sicht zufriedenen Kindergartenzeit, hat sie sich mühsam durch die Grundschulzeit geboxt bzw. geschwiegen. Bis zu diesem Zeitpunkt lag nie ein Grund vor, eine Testung durchführen zu lassen, da Hannah durch ihre Angepasstheit nie deutliche Nöte gezeigt hat und innerhalb der Kita fest integriert und angenommen war.
Im zweiten Schuljahr begannen erste Probleme: Bauch- und Kopfschmerzen, Übelkeit und viele Fehlstunden. Einem glücklichen Umstand war es zu verdanken, dass Hannah (man vermutete akute Blinddarmentzündung!) in einer Kinderklinik einem jungen Assistenzarzt begegnete, der dachte, sie sei mit der Schule überfordert und hätte deshalb diese Beschwerden.
Nun, die Überraschung war groß, als eine Intelligenztestung, die seine Vermutung belegen sollte, ergab, dass Hannah nicht über- sondern maßlos unterfordert war. Die Testung machte deutlich, dass Hannahs Fähigkeiten im Höchstbegabten-Bereich lagen.
Nun hatte man zwar kein Rezept zur kontinuierlichen und adäquaten Betreuung und Förderung parat, jedoch endlich Erklärungen für das Verhalten und eine Idee, in welche Richtung zu blicken war.
Lange hat auch Hannah ihre Kompetenzen nicht akzeptieren können und erst heute, viele Jahre später beginnt sie endlich ihre Leistungen anzuerkennen und sie nicht für puren Zufall zu erachten.

> **Zusammenfassung**
> Gerade hochbegabte Mädchen brauchen eine Begleitung, die fordert und herauslockt. Aufgrund ihrer hohen Kompetenzen gelingt es ihnen vortrefflich, sich anzupassen. Das Anerkennen von Fähigkeiten und guten Leistungen stärkt Mädchen in der Durchführung, dem Glauben in ihr Können und unterstützt ein gutes Selbstwertgefühl.

Nachgefragt und weitergedacht
- Haben Sie alle Mädchen gut im Blick?
- Ermöglichen Sie Mädchen den Zugang und Umgang mit naturwissenschaftlichen, technischen und mathematischen Dingen? Schüren Sie Interesse in den MINT-Bereichen?
- Tipp: Beobachten Sie gerade die sehr stillen und angepassten Mädchen noch mal unter anderen Voraussetzungen – welche Stärken können Sie entdecken?

Kapitel 7 Haltung und Rolle der Fachkräfte

 Wann sprechen wir von professioneller Haltung und was macht eine begabungsfreundliche Haltung aus? Wie eng stehen Beziehung und Lernen im Einklang? Welche Herausforderungen sind verknüpft und wie gelingt es, dem Anspruch positiv zu begegnen? Welche Unterstützungen sind förderlich?

»[…] Unsere Aufgabe besteht darin, den Kindern bei ihrer Auseinandersetzung mit der Welt zu helfen, wobei all ihre Fähigkeiten, Kräfte und Ausdrucksweisen eingesetzt werden.« (Malaguzzi, in Dreier, 1993, S. 69)

Die Rolle der pädagogischen Begleitung, verbunden mit Begrifflichkeiten wie »Begleitung«, »Moderatorin«, »Beobachterin« und »Schwungrad«, wird im Abschnitt zur Förderung in → Kapitel 8 ausführlicher behandelt. Gerade innerhalb der Projektarbeit ist die Rollenzuschreibung eng mit dem verbunden, was wir selbst lernen wollen, können und letztendlich umsetzen.

In diesem Kapitel wird deutlich, dass ein kompetenzorientierter Blick auf Kinder, eine Veränderung der Haltung und des Rollenverständnisses erfordert. Weg von heimlichen Lehrplänen und einer didaktischen Planung über Kinderköpfe hinweg, hin zur PARTIZIPATION und Anerkennung der kindlichen Bedürfnisse und Meinungen.

Spielt hier schon die Begrifflichkeit Haltung mit ein? Reicht es aus, Kinder in ihrer Rolle als Lernende zu unterstützen und wahrzunehmen? Wie gesellt sich nun die »ach so nötige, positive pädagogische Grundhaltung« zu den schon benannten Aspekten des Begabungsbegriffs und Fördergedankens?

Von innerer Haltung, Werten, Anerkennung, Bindung und pädagogischer Grundhaltung ist die Rede, und die Persönlichkeitsmerkmale jedes einzelnen Kindes erhalten einen gehobenen Stellenwert in der Pädagogik. Kaum ein Interview, keine Kindergartenstudie, Bericht oder eine Stellungnahme von

Wissenschaftler*innen, Psycholog*innen und Pädagog*innen, die nicht diese Begrifflichkeiten benennen. Dabei ist nicht zu beurteilen, was »die richtige pädagogische Grundhaltung« sein soll. Welche Parameter ermöglichen es, zu erkennen, ob man diese Haltung erlernen kann, wie man sie erwirbt, ob sie wandelbar, oder gar durch eigene Erziehung geprägt und gefestigt ist?

7.1 Eine Annäherung

Beschreibungen und Forderung nach offener, vorurteilsfreier und emotional zugewandter Erziehung und Bindung zu den anvertrauten Kindern, lassen sich heute in fast jeder Bildungsvereinbarung und Konzeption finden.

Haltung findet große Beachtung und beispielsweise Solzbacher und Schwer (2014) sprechen von einem »viel strapazierten Begriff«. In ihren Ausführungen betonen sie das Zusammenspiel vieler Aspekte:

»Eine professionelle Haltung ist ein hoch individualisiertes (d. h. individuelles, idiosynkratisches) Muster von Einstellungen, Werten, Überzeugungen, das durch einen authentischen Selbstbezug und objektive Selbstkompetenzen zustande kommt, die wie ein innerer Kompass die Stabilität, Nachhaltigkeit und Kontextsensibilität des Urteilens und Handelns ermöglich, sodass das Entscheiden und Handeln eines Menschen einerseits eine hohe situationsübergreifende Kohärenz und Nachvollziehbarkeit und andererseits eine hohe situationsspezifische Sensibilität für die Möglichkeiten, Bedürfnisse und Fähigkeiten der beteiligten Personen aufweist.« (Schwer/Solzbacher, 2014, S. 107)

Zu den genannten objektiven Selbstkompetenzen gehören Fähigkeiten zur Selbstmotivierung, Selbstberuhigung, und Selbstentwicklung. Haltung als innerer Kompass gibt »Halt« im anstrengenden Kita-Alltag und macht es möglich, sicher und spontan zu reagieren, auch wenn die handelnde Person nicht sicher ist, ob die Reaktion pädagogisch oder psychologisch »in Ordnung« ist.

Alles das, was pädagogische Fachkräfte in die Praxis und in die Beziehungsgestaltung zum Kind einbringen, wie persönliche Einstellungen, Normen und Werte sowie eigene Deutungsmuster, prägen das professionelle Verständnis von Haltung.

»Mit dem Terminus ›professionelle Haltung‹ sind […] konkret Orientierungsmuster im Sinne von handlungsleitenden (ethisch-moralischen) Wertorientierungen, Normen, Deutungsmustern und Einstellungen gemeint, die pädagogische Fachkräfte in ihre Arbeit und Gestaltung der Beziehungen einbringen. Das Bild vom Kind und das eigene professionelle Rollen- und Selbstverständnis gehören im Kern zu dieser Haltung.« (Nentwig-Gesemann/Fröhlich-Gildhoff/Harms/Richter, 2011, S. 10)

Die Auseinandersetzung mit sich selbst, das Gestalten von Beziehungen und das fachliche Interesse, gepaart mit dem Wunsch zur Weiterentwicklung machen Haltung aus. Das pädagogische Handeln ist zum einen durch das Bild vom Kind geleitet sowie von Kenntnissen kindlicher Entwicklung und altersspezifischer Lernprozesse. Und zum anderen gilt es, bestimmte Wertvorstellungen und pädagogische Überzeugungen als Haltung zu verkörpern.

7.2 Begabungsfördernde Haltung

Eine begabungs*fördernde* Haltung, die die Kinder in ihrer individuellen Persönlichkeit berücksichtigt, stellt die wesentliche Grundvoraussetzung für eine gute Begabtenförderung dar und bietet beste Voraussetzungen (vgl. BMBF, 2015).

Entscheidend sind dabei zunächst der persönliche Bezug und die eigene Meinung zum Thema Hochbegabung. Vorrangig geht es um die Akzeptanz dieses Phänomens. In einer begabungsfördernden Umgebung gelingt es, eine Atmosphäre zu schaffen, die es allen Kindern möglich macht, individuelle Fähigkeiten einzubringen, zu nutzen und Begabungen weiterzuentwickeln. Setze ich mich kontinuierlich mit den gegebenen Möglichkeiten innerhalb meines Praxisfeldes auseinander? Überprüfe ich Material, Angebote und Räumlichkeiten, zum Wohl des Kindes? Zeige ich mich am Lernfeld des Kindes interessiert?

Die Offenheit, mit der Kindern und Eltern begegnet wird, ist maßgeblich dafür verantwortlich, wie gemeinsames Entdecken und Forschen gelingt. Auf Ganzheitlichkeit und PARTIZIPATION zu setzen, schafft einen Rahmen, in dem Kinder eine hohe Akzeptanz finden. Das Kind sollte nicht als Defizitwesen betrachtet werden. Vielmehr geht es darum, Stärken der Kinder zu suchen und zu beobachten. Diese gilt es zu unterstützen, um Stärken zu stärken und Schwächen zu schwächen. Die Unterstützung des Entwicklungsprozesses hochbegabter Kinder findet ausgewogen statt – zwischen Fördern und Fordern (vgl. dazu Handreichung, ICBF, Münster). Um fördern zu können, sollten unabdingbar die Interessen des Kindes erkannt werden. In der Vermittlung von Lern- und Arbeitsstrategien sowie sozialer Kompetenzen benötigen Kinder die Begleitung Erwachsener.

Weiter oben wurde bereits beschrieben, wie Unterforderung von hochbegabten Kindern häufig zu Langeweile, Desinteresse und letztendlich zur Resignation führen. Der Rolle der Begleitung obliegt es, das Ausmaß der Forderung am individuellen Entwicklungsstand der Kinder auszurichten. Fachkräfte werden zu Schatzsucher*innen und Entdecker*innen, auf der Suche nach den kindlichen Potenzialen. Im Rahmen individueller Förderung ist es wichtig, das Kind – mit all seinen Kompetenzen und Stärken – als Gesamtpersönlichkeit zu betrachten.

Nach Carl Rogers (vgl. Pallasch/Kölln, 2011) sind folgende Aspekte Ausdruck einer professionellen Haltung:
Echtheit/Kongruenz (offen sein für sich selbst, keine Rolle spielen/sich verstellen, Gefühle akzeptieren und äußern, jedem gegenüber neue Offenheit zeigen in Übereinstimmung mit sich selbst, …)
Empathie (etwas wahrnehmen von anderen Menschen (Äußerungen, Körperhaltung), innere Welt des Gegenübers erfassen, dann erzählt er*sie mehr über sich, zuhören können, eigene private Probleme ausblenden können)
Unbedingte Wertschätzung (bedingungslose Annahme, den Menschen als vollwertig ansehen, ihn als ein Ganzes wahrnehmen und akzeptieren, in seinem Dasein die Person akzeptieren, Geduld aufbringen, Anteilnahme am Schicksal des anderen)

Zeigen Sie sich in Ihrer Haltung dem Kind gegenüber zugewandt und offen. Hochbegabte Kinder sind nicht, entgegen häufig beschriebener Darstellungen, eigenbrötlerische, verschlossene und kleine Besserwisser. Sie sind in ihrem Denken sicher ihrer Altersgruppe voraus, kritisch in ihren Betrachtungen und gehen nicht mit jeder Autorität konform. Ebenso zeigen sie sich in ihren Ausübungen kreativ in der Umsetzung und können sehr ausdrucksstark kommunizieren. Dies sind Stärken der Kinder, die es sich zu betrachten lohnt und die Anerkennung verdienen.
  Werden sie behutsam im Umgang mit solchen Bewertungen. Das typische hochbegabte Kind gibt es hier in der Betrachtung nicht und die Kinder sind trotz aller Stärken und vielleicht beobachtbarer Attribute, Kinder. Sehr junge Kinder, die genauso schnell verletzbar und betroffen sind, wie alle jungen Kinder es nun mal sind. Schnell kann dieses Anderssein zu einem Stempel werden, der die Kinder zum Rückzug bewegt. Hier nimmt der nicht adäquate Umgang schnell Einfluss auf die Persönlichkeit des Kindes und das Gefühl, anders bzw. gar »falsch« zu sein, verstärkt sich. Schlechtes Selbstwertgefühl, geringes Selbstbewusstsein und gehemmtes Kommunikationsverhalten können Auswirkungen sein.
  Sensibles agieren, gute Beobachtung und auch der Wechsel von hohen Anregungen, vielfältigen Gestaltungsmöglichkeiten und ruhigen Zeiten ist hier wichtig, begleitet von verständnisvollen Erwachsenen, die offen und zugewandt mit den Kindern agieren. Die hohe Kunst besteht darin, den Kindern Raum zu geben, selbst entscheiden zu dürfen und diese Entscheidungen als Schwungrad und Übersetzer*in zu begleiten.

7.3 Aber wie kann das gehen?
Fragen als pädagogisches Leitmotiv

Auch begabte Kinder müssen Erklärungen und »Gebrauchsanweisungen« erhalten. Das Maß ist hier entscheidend. Was brauchen Kinder, um alleine weiterzudenken? Innerhalb der Praxis können kleine Muster verändert werden, um Kinder zu unterstützen, um Kinder in den FLOW bringen zu können und den Aufbau von METAKOGNITION zu fördern.

Gemessen an dem Umstand, dass sie nicht alles wissen, jedoch schneller erfassen und erlernen, bedarf es fordernder Umschreibungen und klarer Anweisungen. Dennoch ist auch ihr implizites Wissen oder auch Vorwissen wichtig für den Lernprozess, denn an dieses Wissen knüpft der Prozess an. Innerhalb einer Kindergartengruppe gibt es riesige Unterschiede des Vorwissens. Unterstützen Sie hier die Gruppenfindung von Interessensgebieten, von Gleichgesinnten und entwicklungsgleichen Kindern. Arbeiten in Projekten, in Themengebieten und an kleineren Gemeinschaftsaktionen ist hierbei hilfreich und die Kinder können sich individuell, den eigenen Bedürfnissen entsprechend, engagieren.

Ersetzen Sie eine lang gepflegte Antwortkultur durch eine offene Fragekultur.

Gerade begabte Kinder stellen Fragen, die unkonventionelles Denken und gedankliche Verknüpfungen aufzeigen. Sie sind kritisch in ihren Beobachtungen und haben Mut, Dinge zu hinterfragen. Zudem zeigen sie eine außergewöhnliche Erfindungsgabe auch bei der Verwendung alltäglicher Materialien und brauchen durch Fragen Unterstützung, um das Denken weiter voranzubringen. Fragen, die anregen und die Aufmerksamkeit wecken sind z. B.: »Was denkst du ist hier passiert?«; »Hast du das auch gesehen?«; »Was kann als nächstes sein?«; »Was geschieht, wenn …?«.

Hinterfragen Sie sich doch kurz selbst: Sind meine Fragen unterschiedlich im Anspruch/Schwierigkeitsgrad? Sind Fragen vielfältig? Regen Fragen zum Weiterdenken an? Fordern Fragen heraus? Erlauben Fragen, weiter zu fragen?

Kreativitätszünder und wahre Animateure können solche Fragen und Aussagen sein: »Wirklich! Das ist ein interessanter Gedanke!«; »Das habe ich mir so noch nie überlegt. Tolle Idee!«; »Was denkt ihr dazu?«; »Gute Frage! Was vermutet ihr noch weiter?«; »Welcher Gedanke steckt wohl dahinter? Interessant!« (vgl. Huser, 2001).

7.3.1 Beziehung schaffen und Lernkultur

Wichtig wird Motivation, Lob und Förderung auch bei besonderen und guten Leistungen. Die besonderen Stärken anerkennen, gepaart mit Respekt, Annahme und Wertschätzung, macht hier die Haltung deutlich und unterstützt und ermutigt Kinder, Neues zu wagen, sich angenommen zu fühlen und letztendlich ihre gesamte Entwicklung.

Vertrauen zeigen, in Kombination mit Geduld und Verständnis, auch für ungewöhnliche Gedankengänge und Ideen, unterstützt zum einen die Neugier der Kinder und zum anderen, die eigene Neugier zu erhalten und zu wecken. Ermutigen Sie zum Forschen, zum Entdecken und dazu, Dinge zu untersuchen und Fragen zu stellen. Machen Sie deutlich, dass Sie verstehen wollen, was Kinder denken (vgl. Klein/Vogt, 2002).

Lassen Sie Kinder voneinander lernen und halten Sie sich selbst mit Belehrungen zurück. Verlagern Sie Lernorte in das Außengelände, in Waldabschnitte, den Stadtpark, die Kirche, zu dem Schreiner in der Nachbarschaft usw. Suchen Sie Expert*innen, die in die Kita kommen. Finden Sie für die Kinder Lernbegleiter*innen und erwachsene Verbündete, die unterstützen und mit ihnen begleiten.

Erwarten Sie keine besonderen Lernerfolge und nutzen Fehler als Unterstützer der Lernprozesse. Spontanität, Mut zum Zweckentfremden und Verlassen vorgegebener Pfade fordern heraus und bringen Überraschungen (vgl. Mönks/Ypenburg, 1993).

Sehen Sie selbst sich in der Rolle des Vermittlers*der Vermittlerin und Begleiters*Begleiterin. An Ihnen liegt es, den Aufbau von Lernstrategien voranzubringen. Einfache Rückfragen an die Kinder geben hier die ersten Ansätze. Ein Beispiel: Frage des Kindes: »Kann ich basteln?« Antwort der Fachkraft: »Ja, was benötigst du, um anzufangen?«

Hiermit geben Sie schon den ersten Anlass, darüber nachzudenken, wie der Arbeitsplatz gestaltet werden muss, welche Materialien benötigt werden und wie weiterführend damit umgegangen wird. Erste Strategien finden so ihren Ansatz.

Hinterfragen Sie das Vorwissen der Kinder, nutzen Sie dieses und beziehen es ein – so gelingt der Aufbau von gemachten Erfahrungen. Regen Sie an, offen zu denken: »Sag mal, was du jetzt denkst!«; »Was denkst du, was wir noch ergänzen können?«; »Was meinst du, was brauchen wir noch?«

Eine Zauberformel ist hierbei deutlich: Begleitung statt Anleitung und das positive Anerkennen.

Auch durch Angst und Druck lassen sich Kinder zu Aneignungsprozessen zwingen, aber damit wird die Fähigkeit zur Selbstbildung und zum Lernen unterbunden. Doch die Fachkraft kann Bildungsprozesse in Gang setzen, ermöglichen, herausfordern, unterstützen, sie erweitern (vgl. Laewen/Andres, 2002a).

Lernen und Fördern im Kindergarten fördert Entdeckung statt Darbietung. Kinder brauchen Gelegenheiten für die Beantwortung ihrer Fragen, sind wie alle anderen Kinder auch Entdecker*innen und Forscher*innen. Sie ziehen selbst keine Altersgrenzen, sondern greifen dann zu Material, Dingen und Gelegenheiten, wenn ihr »Hunger nach Leben und Aktivität« (Freinet) entflammt ist, dann, wenn diese Dinge in ihrem Leben wichtig werden. Sie benötigen dafür keinen äußeren Druck, sondern folgen individuellen Rhythmen. Kinder brauchen Gelegenheiten, wenn das Interesse erwacht ist. Bildung ist Selbstbildung und Bildung und Lernen beschränkt sich nicht nur auf einen logisch-rationalen Prozess, sondern schließt sinnliche-emotionale Erfahrungsmöglichkeiten mit ein. Ebenso deren subjektive Gewichtung. Lernen ist ebenso abhängig von der Reifung des kindlichen Gehirns und Kinder nehmen dementsprechend nur das auf, was ihnen nützt und was sie interessiert.

Durch eine ressourcen- und kompetenzorientierte Begleitung stärken pädagogische Fachkräfte die Fähigkeiten der anvertrauten Kinder und somit das Selbstwertgefühl. Wie selbstverständlich gehen Kinder dann auch selbständig mit Dingen um, die ihnen eventuell noch gar nicht zugetraut oder zugedacht werden. So gelingt es früh, ein positives Selbstwertgefühl zu erhalten: Motivation, Strategietraining, METAKOGNITION, Wertschätzung, Kompetenzerweiterung, Lernerfahrungen/Lernfreude, positive soziale Erfahrungen (Erkennen von PEERS), Anerkennung von Autoritäten, emotionale Stabilität werden fast nebenbei geschult.

Das abwiegeln unkonventioneller Ideen (»Das passt jetzt nicht zum Thema.«), das deutliche Einschränken von Neugier und Erkundungsdrang (»Das geht jetzt wirklich nicht.«), bis hin zum Unterbinden des kindlichen Entwicklungsdranges (»Was für dumme Ideen.«), gehört zu den negativen Beispielen. Ebenso das Bestehen auf festgelegten Vorgaben (»Ich sage dir, was wir jetzt tun.«) und das unterbinden neuer Ideen (»Das war jetzt nicht vorgesehen.«) nimmt Einfluss auf die kindliche Entwicklung.

Das Kritisieren und Bloßstellen vor der Gruppe (»Unsere kleine Professorin weiß es wohl wieder besser.«) nimmt Kindern den Mut, ihre Meinungen zu äußern, unterdrückt den Gerechtigkeitssinn und bremst die Entwicklung genauso wie die Bewertung von Situationen (»Ich entscheide hier, was richtig ist.«).

Das Lernen wird blockiert und ausgebremst, durch das Verschieben von Interesse (»Das verstehst du noch nicht.«; »Das lernst du später.«).

Wenig hilfreich sind auch durchgepowerte Workshops und Angebote, in dem falschen Verständnis, dass begabte Kinder permanent Futter benötigen. Ruhepausen und Zeit zur Muße, um in Ruhe Dinge zu bedenken, müssen auch gegeben sein.

In enger Verbindung für ein gutes Gelingen steht sicherlich der kollegiale Austausch über die Ressourcen und Stärken eines Kindes.

Grob zusammengefasst, gehört zur Rolle der Fachkraft: Lernumgebung vorbereiten, Lernumfeld gestalten, Situationen schaffen, Lernfelder gestalten,

Erfahrungsfelder schaffen, Expert*innen hinzuholen, Verknüpfungen herstellen, Anreize und Unterstützung bieten, Zweckentfremden, Lebenslang forschen, entdecken und zu guter Letzt nicht zu vergessen: Beziehung eingehen, selber Spaß am Entdecken und Lernen haben, sich selbst als Partner*in zu sehen und die eigenen Fähigkeiten anzunehmen und einzubringen.

7.3.2 Herausforderungen

In der Gesamtheit betrachtet, bieten diese Forderungen und Anregungen einen hohen Anspruch an eine pädagogische Fachkraft und gleichwohl zeigen sie auf, dass Haltung und Rollenverständnis zu einer adäquaten Förderung nötig sind.

Häufig kommt es trotz der guten und motivierten Fachkräfte zu Hindernissen, die solch ein Arbeiten verhindern, z. B. persönlich geprägte Vorlieben, Abneigungen und/oder Vorurteile gegenüber Unbekanntem. Unwissenheit in der Domäne, wenig Berufsmotivation und eingeschränkte Belastbarkeit bremsen die eigene Entwicklung. Schon lang festgefahrene Routinemuster, wenig Umgang mit Theorie als auch ein gesteigerter Erwartungsdruck durch den Träger, Eltern und auch Kolleg*innen, hemmen die Umsetzung ebenso wie etwa gestiegene Anspruchshaltungen durch die Öffnung nach außen.

Ungünstige Rahmenbedingungen, die eine partizipatorische, ganzheitlich und theoriegeleitete und fachlich reflektierte Pädagogik stark einschränken bzw. unmöglich machen, auch durch eingeschränkte Finanzen, ungünstige Personalbesetzung und geringe Unterstützung der Träger, belasten die praktische Arbeit zudem. Fort-, Weiter-, Zusatzausbildungswünsche werden vielleicht auch in zu geringem Maße berücksichtigt und unterstützt, Qualitätsmanagement-Verfahren und nicht genutzte Dokumentationen, festgelegte Förderprogramme in Einrichtungen und bildungspolitische Strömungen können ebenfalls zu Hemmnissen werden, da sie mitunter kontraproduktiv sind und zu immensen Zeitfressern werden. Kostbare Zeit am und mit dem Kind geht vielerorts verloren.

Erwachsene sind gefragt als achtsame Begleiter*innen, die selbst forschend erkunden, wie Babys und Kleinkinder ihre Umwelt ergründen. Die Aufgabe von pädagogischen Fachkräften besteht darin, Beziehungen anzubieten, die Kindern emotionale Sicherheit geben, und eine Umgebung einzurichten, in der die Kinder sich so wohl fühlen, dass sie weitgehend selbstständig ihren Interessen nachgehen können.

In Kindertageseinrichtungen, wo dies umgesetzt werden kann, zeigt sich, wie Kinder forschend vorgehen, wenn sie ihre Handlungsmöglichkeiten erkunden und selbstbestimmt erweitern. Kinder suchen sich ihre Entwicklungsaufgaben selbst. Sie gehen dabei ihren eigenen Fragen nach, indem sie mehr und mehr von der Welt kennenlernen, erforschen und begleitet herausfinden.

Wenn man sich zusammen mit den Kindern auf den Weg macht, spannende Dinge zu entdecken und interessanten Fragen auf den Grund zu gehen, stellt das eine Haltung dar, die für alle Kinder in der Kita förderlich ist. Die Fachkraft wird so zum*zur Ko-Konstrukteur*in von Bildungsprozessen. Dann fällt es auch leichter, zu akzeptieren, wenn man nicht alle Fragen beantworten kann.

> **Zusammenfassung**
> Haltung ist immer in einer großen Kombination zu betrachten.
> Eigene Werte, Fähigkeiten, Ressourcen und vorhandene Möglichkeiten prägen diese.
> Haltung braucht Zeit, sich entwickeln zu können und kann ein Leben lang Veränderung erfahren.
> Fortbildungen, Erfahrenes, Erlebtes und Erlerntes stehen hier im persönlichen Kontext und werden ergänzt durch Emotionen und Wissen.
> Von einer bestimmten Haltung überzeugt werden kann man nicht ohne persönliche, intensive Auseinandersetzung, da unterschiedlichste Sichtweisen und Möglichkeiten zur Haltung gegeben, äußerst individuell sind und in der Regel auch ebenso individuell gelebt und nach außen getragen werden.

Nachgefragt und weitergedacht
- Blicken Sie auf Ihre eigene Haltung – was hat sie geprägt? In der Kindheit, im Berufsleben?
- Welche Attribute beeinflussen Ihre persönliche Haltung? Sind Sie sich bewusst, welche Aspekte Sie in Ihrem Empfinden geprägt haben?
- Entdecken Sie Hinderliches ebenso wie Hilfreiches? Was nutzen Sie, um die eigene Haltung zu unterstützen und gegebenenfalls auch zu ändern?

Kapitel 8 Förderung in Kindertageseinrichtungen

 Wie kann Förderung für alle Kinder integriert werden? Wie kann ich individuell fördern? Welche Bereiche kann ich fördern? Wie lässt sich welches Material nutzen? Wie kann die Raumausstattung aussehen? Welche Methoden stützen eine adäquate Förderung?

Allgemein kann man sagen: Bildung umfasst alles Wissen, alle Erfahrungen, Kompetenzen und Fähigkeiten, die einen Menschen lebensfähig, selbständig und unabhängig machen. Dabei kann man verschiedene Entwicklungsbereiche, wie Sprachentwicklung, Entwicklung der Wahrnehmung, der Kognition und des Lernvermögens, der Fein- und Grobmotorik und der sozial-emotionalen Entwicklung, identifizieren. Insbesondere die ersten Lebensjahre sind hier wichtig für die weitere Entwicklung von Kindern. Hier werden grundlegende Kenntnisse und implizites Wissen erworben, die eine wichtige Grundlage für spätere Entwicklungsverläufe sind.

Wie aber kann die Bildung von Kindern in den ersten Lebensjahren unterstützt und gefördert werden? Muss sie das überhaupt? Wenn wir Kinder genau beobachten, merken wir, dass sie bestimmte Anlagen mitbringen und selbst aktiv für ihre individuelle Entwicklung sorgen. Der Bildungsauftrag an uns Pädagog*innen als Entwicklungsbegleiter*innen in professionellen Kontexten bezieht sich darauf, die Kinder individuell im Sinne ihrer Fähigkeiten und Fertigkeiten zu fördern und sie bei der Erkundung der Welt positiv zu unterstützen und ihnen Erfahrungsspielräume zu öffnen.

Bildung wird nicht durch »Belehrung« und »Wissensvermittlung« erworben. »Dem Wort Bildung haftet das Moment der Selbständigkeit, also des Sich-Bildens der Persönlichkeit« an. (Laewen/Andres, 2002, S. 17)

Wilhelm von Humboldt beschreibt Bildung als »Die Anregung aller Kräfte des Menschen, damit diese sich über die Aneignung der Welt entfalten und zu einer sich selbst bestimmenden Individualität und Persönlichkeit führen« (Humboldt, 1809, zit. nach Ellwein, 1985, S. 116). Gerade hochbegabte Kinder zeigen schon früh den Willen und Drang zur selbständigen, gründlichen Erkundung der Welt und dem damit verbundenen Wunsch nach Förderung.

Salman Ansari (2009, S. 3–10) hat die folgenden sechs Grundelemente des »ursprünglichen« Lernens postuliert, also eine angeborene Kompetenz zur »Aneignung der Welt«:
- der Antrieb zur Nachahmung,
- der unaufschiebbare Drang zur Selbständigkeit,
- die Zurückweisung unerbetener Hilfe,
- die Bereitschaft zum Üben,
- die Körpererfahrung,
- die soziale Dimension der Intelligenz.

Wenn Erzieher*innen diese Elemente zur Kenntnis nehmen, werden sie zur Grundlage für das weitere Vorgehen. Die pädagogisch handelnde Person kann nun vertrauen, dass das Kind von sich aus Lernen will und kann. Alles was es braucht, ist ein aufrichtiges Interesse an seinem Lernen. Dann wird es auch von sich aus mehr zeigen. Entdeckendes Lernen ermöglicht hier ein Fördern und Fordern ohne Zwang (vgl. Handreichung des LIF: Verfügbar unter: www.lif-nrw.de (12.02.2018).

Zunächst müssen die Interessen der Kinder erkannt werden, um fördern zu können. Unterstützungsbedarf besteht dann in der Regel in der Vermittlung von Lern- und Arbeitsstrategien sowie sozialer Kompetenzen. Förderung sollte aus Gründen einer Motivationsförderung immer an Stärken und nicht an Defiziten orientiert sein.

Die Idee des Forderns basiert auf der Erfahrung pädagogischer Fachkräfte, dass Unterforderung von hochbegabten Kindern hin und wieder problematisch werden kann. Das Ausmaß des Forderns muss am individuellen Entwicklungsstand der Kinder ausgerichtet sein. Denn auch Überforderung kann zu Frustration oder Resignation führen. Sowohl beim Fördern als auch beim Fordern gilt also, zu entdecken, welche Potenziale Kinder haben. Diese sollten akzeptiert und positiv verstärkt werden. Aufgabe der Erzieher*in, der Eltern etc. ist es, Kindern den nötigen Raum zu geben und eine Umgebung zu schaffen, die Entwicklung und Entfaltung von Fähigkeiten und Fertigkeiten ermöglicht.

Dabei ist es manchmal nicht ganz einfach zu akzeptieren, dass kleine Kinder in bestimmten Sachgebieten deutlich besser informiert sind als Erwachsene. In diesen Fällen liegt die Expertise bei den Kindern, Erwachsene können hier allenfalls Hinweise geben, wie weiteres Wissen beschafft werden kann.

8.1 Mögliche Fördermaßnahmen

Ziel der folgenden Förderprinzipien sollte die Förderung von divergentem Denken sein. Divergentes Denken bedeutet selbständiges, produktives, kritisches und kreatives Denken. Ziel einer solchen Erziehungshaltung ist es, mehrere, unterschiedliche Lösungswege zu ermöglichen und nicht nur eine mögliche Lösung vorzugeben (vgl. Huser, 2001).

Über den »Tellerrand« hinauszuschauen, sich von Normen und altersspezifischen Entwicklungsvorstellungen loszulösen, sollte also in jeder Hinsicht Handlungsmaxime sein.

Die wohl gängigsten Fördermöglichkeiten für besonders begabte Kinder sind in beschleunigende (AKZELERATION) und vertiefende (ENRICHMENT) Angebote unterteilt.

Mit dem Verständnis, alle Kinder individuell zu fördern und Angebote bereitzustellen, die dem Wunsch des Kindes nach Lerneifer, Neugierde und Spaß am Entdecken nachkommen, unterscheidet sich frühe Begabtenförderung im Grunde nicht von der Förderung jedes anderen Kindes.

Ein feiner Unterschied liegt vielleicht in der Anreicherung des allgemeinen Angebotes. Ansonsten gelten hier die gleichen Aspekte, die in Erziehung und Bildung für alle Kinder vorgesehen sind, unter anderem allen Kindern Lerngelegenheiten entsprechend ihrer Entwicklung anzubieten.

8.2 Vorteile von Kindertageseinrichtungen

In der Kita gibt es, trotz der Rahmen- und Bildungspläne, keine verbindlichen Curricula wie in den Schulen. Lehrpläne, Leistungsnachweise und Richtlinien, die die Bildungsinhalte und deren Umsetzung konkret leiten, gibt es in Kindertagesstätten nicht. Wie, wie viele und welche Inhalte wann genau vermittelt werden, wird nicht vorgegeben. Pädagogisches Fachpersonal hat, im Ermessen der Einrichtung, mehr Freiheiten und Möglichkeiten als Lehrkräfte.

Ebenso von Vorteil ist die Tatsache, dass im Kindergarten oft in Altersmischungen gearbeitet werden kann. Bei Öffnung der Altersbegrenzungen hat ein junges begabtes Kind schneller die Aussicht, sich mit Spielmaterialien beschäftigen zu können, die es normalerweise noch nicht angeboten bekäme. Zudem besteht hier die Option, leichter ein ähnlich interessiertes Kind, auch unter den Älteren, als Spielkamerad*in zu finden.

8.3 Raum und Räume

Vorbereitete Umgebungen, geeignetes Material und Möglichkeiten zum Rückzug sollten vorhanden sein. Spielaktionen und Aktivitäten der Kinder werden schon allein durch die Gestaltung der Räume, das angebotene Material und dargebotene Bereiche animiert. Hierbei ergeben sich, fast von alleine, Interaktionen, die Formen des Spiels herausfordern und einzelne Aktionen lenken und anregen. Unterstützt wird dies durch eine begabungsfreundliche, anerkennende und zugewandte, die Individualität der Kinder berücksichtigende Haltung der pädagogischen Fachkräfte.

Hohe kognitive Fähigkeiten führen nicht von alleine und automatisch zu hohen Leistungen. Ein unterstützendes und anregungsreiches Umfeld ist nötig, damit Kinder ihr Potenzial nutzen und auch in Leistung umwandeln können. Tätigkeiten in unterschiedlicher Form und unterschiedlichem Anspruch sollten möglich sein und in der Ausführung unterstützt werden.

Sprechen wir von Raum und Räumen beinhaltet dies auch den »Vorstellungs«-Raum, der Kindern gestattet wird – Raum zum Forschen und Entdecken.

Raum für kindliches Spiel ist der feste, vorgegebene Raum, den die Einrichtung bietet. Raum für Ideen, für das Kind-sein, für das Erkannt- und Anerkannt-Werden, für Vertrauen und Akzeptanz, der Raum, den Begleitung, sprich Erzieher*innen bieten sollten.

Nur wenn Kinder mit Motivation, Eifer, Spaß und Zutrauen zu deren Fähigkeiten agieren können, wächst der Zugewinn für das nötige Selbstwertgefühl und Selbstvertrauen in das eigene Tun. Kompetenzen und Fähigkeiten können gestärkt werden und wachsen. Lernen wird bedeutungsvoll durch Ausstattung, Materialien, Anregungen und die Beziehung, die begleitend unterstützt.

8.3.1 Ausstattung

Es braucht ein Umfeld, das die Sinne anregt und motiviert. Nach Huser (2007) muss eine Lernumgebung abweichendes Denken als Ausgangspunkt für produktives, kritisches und kreatives Denken erlauben.

Utensilien zum Forschen, z. B. Mikroskope, Pinzetten, Lupen, Waagen, Messbänder, etc., gehören in jede Gruppe ebenso wie Werkzeuge, Küchengeräte und Behältnisse zum Füllen, Messen und Wiegen. Bücher zum freien Zugang, Fach- und Sachbücher, Bilderbücher und Bücher für Erstleser, kombiniert mit Knobelspielen, Strategie- und Gesellschaftsspielen. Spielmaterialien, die eigene Ideen und Versuche erlauben, regen das Um-die-Ecke-Denken an und Spielregeln, von den Kindern neu definiert, verschaffen neue Anforderungen.

Sehr geeignet sind Materialien der Montessori-Pädagogik (sinnaktivierende Lernmittel) und andere, die eine Selbstkontrolle erlauben.

Material zum Sortieren und Muster legen – Muggelsteine, Stäbchen, Eislöffel, Steine, Glasnuggets, Knöpfe, Stifte und »*Kappla*«-Steine eignen sich ebenfalls gut.

Treppenstufen mit Zahlen, Zahlenbildern, Punkten und Würfelbildern erlauben fast im Vorbeigehen erste Rechenoperationen und animieren Eltern und Kinder, erste Rechenaufgaben zu erfinden und zu lösen.

Beschriftung von Gegenständen im Gruppenraum, durch gängige Symbole, Piktogramme und Schrift, lehrt den Umgang mit Symbolen und erleichtert Kindern das Finden von Dingen und gibt Struktur im Alltag der Kita. Buchstaben zum Legen – als Magnete, aus Holz und weiteren Materialien (z. B. Russischbrot-Buchstaben) – sind toll.

8.3.2 Materialvielfalt

Die Standards in Material und Ausstattung sollten hoch sein und die Qualität der Beschäftigungsmaterialien, der Möbel, der Werkstoffe und der Literatur sollten möglichst wertig sein.

Wertig heißt nicht zwangsläufig teuer. Wertig bezieht sich hier auch auf die Vielfältigkeit, die Quantität und den freien Zugang zu diesen Materialien.

Im Angebot wechselnd und für Kinder sichtbar – durchsichtige Kästen mit Toilettenpapierrollen, mit Stoffresten, mit Geschenkbandsammlungen, Papier in Farben und unterschiedlicher Struktur, Kästen mit Pailletten, Knöpfen etc. animieren und laden ein, tätig zu werden.

Getreu einem Leitsatz aus der Reggio-Pädagogik: »Das Auge schläft, bis es der Geist mit einer Frage weckt«, sollten Materialien anregen, damit zu agieren. Die Ausstattung der Räumlichkeiten bedarf eines offenen Blickes für die Bedürfnisse von Kindern.

Freier Zugriff auf Materialien sollte den Kindern möglich sein und Materialien sollten ansprechend präsentiert sein – für die Kinder sichtbar und wahrnehmbar.

In jeder Einrichtung sollten optional eine Bücherei, ein Atelier und ein Werkraum eingerichtet sein. Musikinstrumente, Computer, Schreibmaschinen, technische Geräte (auch kaputte, zum Schrauben und Entdecken) sollten zugänglich sein und von den Kindern erkundet werden können und dürfen.

Kindergärten verfügen über vielfältige Dinge und Materialien, die schnell und unkompliziert einsetzbar sind. Die Möglichkeiten, diese offen und ohne gebundene Lehrvorgaben einzusetzen, sind in den frühkindlichen Bereichen noch gegeben und sollten möglichst genutzt werden, bevor Lehrpläne feste Strukturen vorgeben und das kindliche Spiel hemmen.

8.4 Aus der Praxis

Oberstes Gebot: Schaffen Sie Altersbegrenzungen in ihren Köpfen ab! Als ungeschriebene Regel bei der Förderung begabter Kinder gilt, Altersbegrenzungen aufzulösen.

Die Erfahrung zeigt, dass meist die Dinge eine Herausforderung bieten, die den älteren Kindern zugetraut und angeboten werden.

> **Selena, damals vier Jahre alt, sagt heute als erwachsene Frau**
>
> »Das Schlimmste waren die Momente, als die Vorschulgruppe in den Nebenraum ging und die ›Vorschulspiele‹ auf den Tisch kamen. Die älteren Kinder durften mit gescheiten Scheren schneiden, hatten die besseren Stifte, anspruchsvollere Spiele und zu allem Überfluss auch noch Ausflüge und Sonderaktionen ... Ich musste immer warten und bekam zur Antwort: Wenn du so weit bist, darfst du ja auch mit den Sachen spielen, aber noch bist du ja kein Vorschulkind. Die gehen ja jetzt bald in die Schule und da macht man schon mal was Besonderes.
>
> Wie schrecklich waren die Sachen, deren Nutzen ich schon zwei Jahre vorher durchschaut hatte. Eine Herausforderung gab es für mich nicht mehr. Langeweile war Programm.«
>
> Eine Erfahrung, die Selena leider lange begleitet hat.

Ziel der pädagogischen Arbeit sollte es sein, ein begabungsförderndes Umfeld zu erschaffen, dass es ermöglicht, eine Fähigkeit, oder auch ein Potenzial sichtbar werden zu lassen, ohne die Entwicklung durch verbindliche Altersangaben zu hemmen und zeitlich einzuschränken.

Fähigkeiten können dann verkümmern bzw. nicht zur Entfaltung kommen, wenn die Umwelt hemmt und ausbremst. Es liegt demnach auf der Hand, dass eine Begabung dann am besten zur Entfaltung kommt, wenn sie frühzeitig erkannt und gefördert wird.

Die Herausforderung für das pädagogische Fachpersonal besteht darin, den Kindern Raum zu geben, aktiv mit entscheiden zu können und zu dürfen, was, wann und wie gemacht wird. Partizipation findet dann statt, wenn Kinder in diese Prozesse einbezogen und beteiligt werden. Begabungsfreundliche Umgebungen bieten Projektarbeiten, Werkstattbereiche und Interesse weckende Materialien, die sich gut zweckentfremden lassen.

Viel Zeit für freies Spiel, lässt auch viel Raum, um die Kreativität des Kindes zu wecken, zu fördern und ein gutes Miteinander zu erleben, sodass soziales Verhalten und Teamfähigkeit ebenfalls einen großen Raum finden.

8.5 Möglichkeiten für den Praxisalltag

Zur besseren Einteilung nutzen wir die multiplen Intelligenzen von Gardner (1994; 2013) da diese, zumindest im Ansatz, den Bildungsvorgaben der meisten Bundesländer entsprechen und gute Möglichkeiten zur Beobachtung und Dokumentation bieten.

8.5.1 Sprachliche Intelligenz

Um das Interesse an Wort und Sprache zu wecken und zu fördern, muss an erster Stelle das Sprechen stehen. Wecken Sie Sprachfreude, fordern Sie Kinder heraus.

Plakate, Landkarten, Poster und Ähnliches, für Kinder gut sichtbar und anregend, bieten nicht nur rein dekorative Anlässe, gut platziert entstehen so Fragen und Anreize, Details zu erkunden.

Bilderbücher, Bücher, Sachbücher, Geschichten, Fabeln, Reime bieten immer eine Grundlage zum Gespräch, bieten Situationen zum Fragen und Antworten. Fragen muss deutlich gewünscht und erlaubt sein!

Quatschwörter, Unsinn-Reime, erdachte Geschichten und verrückte Darstellungen fordern auf und bringen ins Gespräch – Kommunikation ist hier als Schlüsselelement zu sehen.

Interpretieren Sie doch mal mit Kindern alte Sprichwörter! Fragen ergänzen die Erzählfreude und erlauben Ideen, die fast schon einen philosophischen Charakter entwickeln können. Alte Ausdrucksweisen und Bedeutungen schulen die Sprachfertigkeiten und den Umgang mit alten, vielleicht ein bisschen verstaubten Begrifflichkeiten, die aber somit in unserem Sprachgebrauch weiter einen Platz erhalten und genutzt werden.

Fingerspiele, selbst erdacht und weiterentwickelt, bieten einen großen Spielraum und jede Menge Spaß dazu.

Von der Anlauttabelle über Buchstaben aus Pappe, Buchstabenmagnete, Buchstabenspiele, bis hin zu Russischbrot und Buchstabennudeln kann alles genutzt werden, was Kinder anspricht und interessant erscheint.

Sprachspiele, wie *Tabu, Scrabble, Papa Moll, Ich sehe was, was du nicht siehst, Haste Worte, Quatschkopf, Such mich!, Wimmelspiele, Plappersack, Quasselstrippe, Erzählkokons, Sprechdachs* und natürlich *Erzählsteine* im Morgenkreis/Abschlusskreis, ergänzen die Materialsammlung.

Eine Schreibwerkstatt muss her, mit Buchstabenstempeln, großen Papierbögen, Heften, Blöcken, Bleistiften, Radierern, Füllern, Büroartikeln, Klebebuchstaben, ausgedienten Schulfibeln, alten Schreibmaschinen und vielem mehr.

Rollenspiele animieren zur Kommunikation. Theaterspiele, das Aufsagen von Gedichten und die Präsentation von Liedern bieten weitere Plattformen zur Förderung der sprachlichen Kompetenzen.

Eine Königsdisziplin wäre hier beispielsweise das Vertonen eigener Geschichten oder/und das Erfinden und Festhalten eigener Märchen.

Kritik und Einwände, wie »Das Kind soll diese Dinge in der Schule lernen«, sind in diesem Kontext veraltet und gänzlich nicht richtig: Ist ein Kind motiviert – intrinsisch, also aus sich heraus motiviert, wird es nie wieder besser lernen als in diesem Moment, wo das Interesse vorhanden ist. Warum hier ausbremsen, anstatt den Schwung und die Bereitschaft zu nutzen?

8.5.2 Musikalische Intelligenz

Neben den klassischen Musikförderaspekten innerhalb des Kindergartens – wie Singen und frühes Musizieren in Kleingruppen – lassen sich weitere Musikwerkstätten mit unterschiedlichen Instrumentenbau-Stationen einrichten und in Folge dann Geschichten mit Klanginstrumenten nacherzählen.

Hier könnten Kinder auch gut ihrem Bedürfnis nach Bewegung nachkommen. Singen, Tanzen und das Musizieren sollte angeregt werden und einen festen Teil innerhalb der Einrichtung abdecken. Rhythmen klatschen und Takt erkennen, fördert viele Sinne und macht vor allem Spaß. »Musik schafft Begegnung, macht kulturelle Vielfalt positiv erlebbar und stärkt den gesellschaftlichen Zusammenhalt.« (vgl. Bertelsmann-Stiftung: Verfügbar unter: http://www.bertelsmann-stiftung.de/de/unsere-projekte/musikalische-bildung/(22.01.18))

Freier Zugang zu Musikabspielgeräten, eine Auswahl an unterschiedlichen Hörspielen, Klassik für Kids, verschiedene Musikrichtungen zum Erkunden, jahreszeitliche Lieder und vieles mehr, sollte Kindern offen präsentiert werden. Von Peter und der Wolf, über Operetten für Kinder, bis hin zu Rap, wird hier alles möglich und kennt dann tatsächlich keine Grenzen.

Musik aus anderen Ländern, anderen Epochen, Klanggeschichten und Karaoke, begleitet durch unterschiedliche Taktinstrumente, animieren ebenso wie der Nachbau bzw. das Basteln von Alternativinstrumenten.

Austausch und Besuche von und zu Musiker*innen und Instrumentenbauer*innen bieten viel Abwechslung und interessante Lernfelder. Waren Sie z. B. selbst schon mal in der Kirche ihres Stattteils und haben sich die Orgel zeigen und erklären lassen?

Unterschiedliche Tanzangebote und Projekte, z. B. einmal um die ganze Welt mit Musik und Tanz, runden die Angebotspalette ab und bieten vielfältige Möglichkeiten, aktiv zu werden und den Kindern reichhaltige Interessensgebiete zu öffnen. In Jugendheimen beispielsweise finden auch oft Hip-Hop-Angebote statt und aus der Erfahrung heraus lassen sich hier gut Anknüpfungspunkte zur Kooperation herstellen.

8.5.3 Logisch-mathematische und räumliche Intelligenz

Hier erlauben wir uns, die beiden Bereiche miteinander zu betrachten, da sie sich an mancher Stelle überschneiden.

Sehr beliebt sind Spiele und Beschäftigungen, die es zulassen, Dinge zu ordnen, zu sortieren, zu zählen und in Kategorien zu bringen. Steckspiele, Perlen zum Aufreihen, Mosaike, Stifte und mehr lassen sich nach Länge, Farben und vielen anderen Kriterien ordnen.

Domino-Spiele, Tangram und ähnliches, eignen sich ebenso wie das Sortieren von Magnetbuchstaben und Zahlen nach Farben, das Ordnen in zwei Gruppen: Buchstaben und Ziffern.

Alle gängigen Zahl- und Rechenspiele sind hier zu nutzen. Alltagsgegenstände lassen sich sehr gut integrieren. Aus einer Sammlung verschiedener Glassteine, aufbewahrt in einer großen (Schatz-)Kiste können interessierte Kinder ganze Morgenaktivitäten kreieren. In unterschiedlichen Behältnissen, vom Becher bis zur Tiefkühldose, können hier nach Mengen, Farben, Formen und Größe, die Steine aufgeteilt werden. Mandalas in gemeinsamer Aktivität gelegt und nach bestimmten Gesichtspunkten aufgeteilt werden.

> **Daria, vier Jahre und 10 Monate**
>
> Die Beobachtung von Daria liefert hierzu ein exzellentes Beispiel:
> Im Gruppenraum, für die Kinder sichtbar in einer durchsichtigen Schatztruhe aufbewahrt, stand eine große Menge Glasnuggets, gesammelt über einen längeren Zeitraum, von Eltern stetig erweitert und nun zu einer beachtlichen Menge herangewachsen.
> Daria ließ sich die Kiste auf den Bauteppich stellen und glitt zunächst minutenlang, mit den Fingern, sehr vorsichtig durch die Menge der Steine. Nach einer Weile begann sie, schon in der Kiste, kleinere Mengen zu sortieren. Langsam entstanden auf dem Teppich kleinere, nach Farben sortierte Häufchen. Irgendwann sah sie sich in der Gruppe um und schleppte Dosen, Töpfe aus der Puppenecke, Materialschalen und ähnliches auf den Teppich.
> Schnell hatten sich interessierte Mitstreiter*innen gefunden und ohne viele Worte begannen die Kinder miteinander zu sortieren. In der Zwischenzeit schoben die älteren Kinder zwei Podeste zusammen, um ihr Werk besser überblicken zu können. Als der Kisteninhalt komplett in Kategorien aufgeteilt war, begann Daria ein Mandala auf dem Teppich zu legen. Hierbei gab sie Anweisungen an

die Mitspieler*innen: »Jetzt brauche ich für die obere, linke Ecke bitte drei runde, hellblaue Steine! Daneben passen die, die aussehen wie ein Stoppschild, ja genau, die Sechsecke in grün. Unten links müssen wir drei rote Quadrate legen und jeweils zwei durchsichtige Halbkreise an jede Ecke, also brauche ich acht davon.«

Hier stellte sich dem*der aufmerksamen Beobachter*in nicht mehr nur die Frage, ob Daria mit ihren vier Jahren vielleicht über einen guten Sprachschatz und Ausdruck verfügt, hier wurde ganz schnell deutlich, dass auch mathematische Fertigkeiten, Mengen-Verständnis und Symbolik ausgeprägt und in ihr Denken integriert waren.

Über den ganzen Tag hinweg beschäftigten sich unterschiedlichste Kinder, mit unterschiedlichsten Stärken und in einer Altersspanne von zweieinhalb bis sechs Jahren, gemeinsam mit Zahlen, Mengen, Mustern und mehr. Später wurde der ganze Raum integriert und verschiedene Lernmaterialien hinzugenommen. Hier das eindrucksvolle Ergebnis:

Erste Rechenoperationen, bis hin zu Malaufgaben wurden von den Kindern entdeckt, abgeleitet und ausprobiert. »Die sechs Steine kann ich ja in zwei Becher aufteilen! Oh schau mal, drei Becher gehen auch!«

Ein vergleichbares Material findet man in Eisbechern. Besorgen Sie bei ihrer Lieblingseisdiele doch mal eine größere Menge und genießen sie die Beobachtung in ihrer Praxis! Türme, Rechenoperationen, Muster, Buchstaben und mehr werden sie betrachten können.

Unterstützen Sie die Kinder dabei, zu »Zahlendetektiven« zu werden! Temperaturen, Längen, Zeit, Größen, Mengen können überall um uns herum entdeckt und gemessen werden.

Bieten Sie Spielmaterialien in unterschiedlicher Größe, Form, Menge und Farbe an. Geben Sie Raum für Sammelobjekte wie Steine, ausgediente Spielfiguren aus alten Gesellschaftsspielen, Knöpfe, Muscheln, Dekosteinen und mehr.

Lassen Sie zu, dass Kinder unterschiedlich große Behälter, Messinstrumente, Lupen und Behältnisse zur Verfügung haben. Bieten Sie Papprohren, Kugeln, unterschiedliche Materialien aus verschiedenen Stoffen (Stein, Holz, Plastik, Metall) an.

Auch Spiegel und Spiegelkacheln zeigen Möglichkeiten zur anderen Betrachtung und erlauben viele Experimente.

Sprachliche Sensibilisierung für Rechenoperationen lassen sich integrieren: »Lege genauso viele Steine wie Lena«; »Reiche mir bitte zwei weniger/drei mehr«; »Gib mir bitte so viele, wie du Finger an einer Hand hast«.

Animieren Sie, Gegenstände auf unterschiedliche Arten zu zählen – mit Anfassen der Gegenstände, ohne Berührung, mit Fingern, ohne Finger, nur mit den Augen. Regen Sie früh an, Mengen zu erfassen und zu schätzen: »Hast du eine Idee, wie viele Klötze es noch braucht, um den Turm so hoch wie den Stuhl zu bauen? Was denkst du, wie viele Becher brauchen wir?« Unterschiedliche Ebenen können schon am Frühstückstisch zur Normalität werden: »Stell deinen Becher doch bitte rechts neben/oberhalb des Tellers/vor deinen Teller etc.«

Materialien, Spiel- und Beschäftigungsmaterialien gerne, auf möglichst vielfältige Art miteinander kombinieren: fünf Bausteine, zwei Legomännchen, ein Auto, ein Mensch-ärgere-dich-nicht-Püppchen, eine Kugel – wie kann das arrangiert werden? Was gibt es für Kombinationsmöglichkeiten? Nebeneinander? Gestapelt? In Gruppen?

Mathematik und mathematische Fördermöglichkeiten sind allgegenwertig, integrieren Sprache und lassen mit viel Spaß zu, Freude am Rechnen und an Mengen zu entdecken. Mathematik ist überall!

Elias, vier Jahre und neun Monate

So entdeckte Elias auf einem Spaziergang folgendes: »Schau! Das Kirchenfenster sieht aus wie ein Mandala. Ein Kreis mit genau aufgeteilten Teilen! Aus acht Teilen ist ein ganzer Kreis geworden. Wie wenn wir einen Apfel teilen.«

Beim nächsten Spaziergang versuchte Elias Buchstaben zu erkennen und fand in Endo schnell einen interessierten Mitstreiter. Beiden gelang es innerhalb der nächsten Monate, mit Hilfe der Eltern zu Hause, ein fast komplettes Alphabet zu fotografieren.

So waren dann schnell aus den Zahlen- und Muster-Detektiven engagierte Buchstaben-Detektive geworden, die es kaum erwarten konnten, erneut auf die Suche zu gehen.

Endo, fünf Jahre und fünf Monate

Ähnliches konnte Endo beschreiben, als er eines Morgens einen Teller nachzeichnete und einen perfekten Kreis ausgeschnitten hatte. Endo faltete diesen zunächst zur Hälfte, dann wieder und wieder. Vorsichtig zeichnete er später den Falz mit Lineal und Bleistift nach: »Schau, wenn ich dreimal gefaltet habe, habe ich acht gleich große Teile. Einmal mehr schon 16! Ist der Kreis nur halb, sind es acht Stückchen.« Er experimentierte mit unterschiedlich großen Kreisen und war entzückt, immer wieder zum gleichen Ergebnis zu kommen.

Später begann er auch andere Gebäude in Formen zu kategorisieren. Häuser als Viereck mit den Fenstern gezählt: »Ein großes Viereck mit sechs Rechtecken vorne«. Der Kirchturm wurde zum Dreieck und die Autoreifen zu Kreisen.

8.5.4 Intrapersonale Intelligenz und interpersonale Intelligenz

In diesem Abschnitt werden Aspekte zusammengefasst, die grob beschrieben für die Förderung des Selbstwertgefühles, des Selbstbewusstseins und für das Miteinander stehen.

Schon kleinste Konzentrationsübungen führen dazu, dass Kinder spielerisch lernen, sich zu fokussieren, etwa durch Suchbilder, Memory- und Zahlenspiele lassen sich solche Fertigkeiten ohne Mühe trainieren.

Kleinere Achtsamkeitsübungen, wie Geschmacksspiele und Fantasiereisen, unterstützen hier ebenfalls.

Erzählkreise, mit Reflexionsrunden und Techniken wie Brainstorming und Clustern, können schon früh erfahren werden und helfen zu sortieren und Ideen zu bündeln. Gefühle interpretieren, benennen und darstellen lässt zu, schon früh erklären zu können, was bewegt, ärgert, freut und traurig oder glücklich macht.

Gebastelte und selbst entworfene Stimmungsbarometer oder Gefühlsuhren können hierbei hilfreich unterstützen.

Abschlusskreise, in denen »mein schönster Moment heute«; »das, was ich an dir heute besonders gut fand«; »etwas, das mich traurig gestimmt hat« und ähnliche Aussagen, leitend sind, lassen jeden zu Wort kommen und schaffen Übung, Dinge anzusprechen, positiv Feedback zu formulieren und lassen Stärken erkennen.

Gemeinsames Bedenken feststehender Regeln, Absprachen und Vorgaben, lässt Kinder teilhaben und fördert ihr Engagement, sich für Dinge, Situationen und Menschen einzusetzen und stark zu machen. Gruppenarbeiten, Collagen, gemeinsame Raumgestaltung und Projektarbeiten für das Wir-Gefühl balancieren die Aktivitäten zur Förderung des Selbstwertgefühls.

8.5.5 Naturalistische Intelligenz

Abbildung 4: Beobachtung in der Natur

Alle Bereiche, die mit der Natur, Phänomenen dieser und der großen Welt von Flora und Fauna einhergehen, finden sich hier wieder.

Im Angebot zu finden sein sollten Bilder, Bücher und Anschauungsobjekte, vom Blatt bis zum Skelett hat hier alles einen Sinn. Pflanzenexperimente mit Bohnen und Erbsen finden hier ihren Platz und können in einem Forscherbereich, mit Aquarium, Terrarium, Lupen, Lupenbechern, Ferngläsern und Mikroskop und ähnlichem, immer wieder stattfinden.

Von der Begriffserklärung einzelner Oberbegriffe (Hunde, Käfer, Katzen, Blumen, Vögel, Bäume) bis hin zur Erkundung mit Becherlupen bieten sich vielfältige Möglichkeiten.

Basteln mit Naturmaterialien gehört ebenso dazu, wie beispielsweise das Anlegen einer Ameisenfarm oder das Züchten von Urzeitkrebsen.

Wenn die Möglichkeit besteht, kann ein »Haustier« in der Kita gehalten, gepflegt und betrachtet werden (in einem stilleren Raum bzw. in einer ruhigeren Zone).

Blätter können gesammelt und ein eigenes »Baumbestimmungsbuch« angelegt werden, welches mit eigenen Fotografien Ergänzung findet. Des Weiteren könnte das Außengelände im Wechsel der Jahreszeiten betrachtet und fotografiert werden, um die Veränderungen zu dokumentieren.

Das Außengelände könnte durch ein Hoch-Beet erweitert und verschönert werden, in dem eigenes Obst und Gemüse angebaut werden kann. Kostproben daraus ergänzen das Frühstück, z. B. mit selbst hergestelltem Kräuterquark und Möhren aus dem eigenen Beet.

Gut umsetzbare Ideenbörsen, aus dem Internet, sind hierzu im Anhang gesammelt.

Natur-, Wiesen-, und Wald-Tage, zum Aufspüren von Tierspuren, Bewegen und Spielen im Wald, können eingebunden werden und die bestehenden Konzepte erweitern.

Kooperationen zum Naturschutzbund suchen und die Möglichkeiten vor Ort abklären, erweitert das Bewusstsein und Kompetenzen ebenso wie Besuche im Zoo und dem Naturschutzhof.

Manche gut geführte Zoohandlung, oder Raiffeisenmärkte haben eine sehr gute Beratung und Auswahl und zeigen sich oft sehr offen für interessierte Kleingruppen.

Umgang mit und in der Natur kann intensiviert werden und eine Auseinandersetzung mit Müll und Entsorgung in diesem Zusammenhang gut aufgegriffen werden.

Ideal wäre auch eine Wasserstelle, vielleicht ein Pumpbrunnen, der Kinder einlädt, selbst Wasser zu zapfen und Pflanzen zu versorgen. Kinder sollten Möglichkeiten erhalten, auch in diesem Bereich selbst aktiv werden zu können und auch eigene Verantwortung zu übernehmen. Dieses muss selbstredend ebenso wachsen können wie die angesetzten Pflanzen.

Wichtig ist, dass Kinder selbst handeln können, ihre eigenen Fehler machen dürfen – um z. B. entdecken zu können, dass es bei zu wenig Wasser gegeben wurde, es vielleicht genauso schlecht für die Pflanze sein kann, wie wenn zu viel Wasser geflossen ist. Nicht die Fachkraft gießt, harkt und säht, die Kinder erhalten Unterstützung, es selbst zu tun.

8.5.6 Weitere Bereiche

Nicht gesondert ausgeführt wurden hier Fördermöglichkeiten zur körperlich-kinästhetischen Intelligenz und der existentiellen Intelligenz.

Den ersten Bereich, die körperlich-kinästhetische Intelligenz finden wir in unserer Betrachtung immer mit bedacht und berücksichtigt. Kinder sind stetig in Bewegung und die vorgestellten Ideen und Ausführungen bieten sicherlich eine Vielzahl an Möglichkeiten, wo dieser Bereich integriert ist. Angefangen von schiefen Ebenen, über Tanz- und Projektangebote, bis hin zu den Aktivitäten im Wald und Außengelände, sollte dem Bewegungsdrang genüge getan werden können.

Die existentielle Intelligenz spricht den philosophischen Bereich an und fördert das Denken über Gott und die Welt. Hier entstehen im Miteinander immer kleine Möglichkeiten, die sich zu größeren Projekten entwickeln können.

Kinder stellen häufig Fragen nach Sinn und Bedeutung. Viele Dinge erleben und entdecken sie zum ersten Mal und verlangen Antworten, auch zu Dingen, die sich nicht durch bloße Theorie oder ein Lehrbuch erklären lassen.

Wichtig ist hier, die Fragen ernst zu nehmen, ihnen nicht auszuweichen und gemeinsam nach Erklärungsmöglichkeiten zu suchen.

Ein leichtes »Training« bietet das Interpretieren von Sinnsprüchen oder Weisheiten. Hieran sind Kinder meist hochinteressiert und erlauben interessante Einsichten in ihre Gedanken.

8.5.7 Übergreifende Förderideen für die Praxis

Kita-Detektive – Lebensumfeld neu entdeckt: Senden Sie kleinere Gruppen oder Peers mit einem besonderen Auftrag los, z. B. Fotografiert alles, was ein Kreis ist, alles was ein Quadrat ist, alles was vier Beine hat, etc.

Besonderheiten in der Stadt entdecken: Viele Gemeinden haben eine Altstadt, in der es besondere Gebäude, Skulpturen etc. zu finden gibt. Machen Sie sich auf, die Geschichte und Besonderheiten des Heimatorts zu finden und den Kindern zugänglich zu machen. Eine eigene Stadtkarte könnte entstehen. Geschichte und Geschichten alter Zeiten können so mit den Kindern, lebendiger gestaltet werden. Ganz nebenbei lernen alle Beteiligten einiges über die Stadtgeschichte und das Umland.

Kreieren Sie gemeinsam »gelbe Kita-Seiten« – wer ist Experte wofür, wen kann man zu welchem Bereich die besten Fragen stellen, wer hilft, wann und wobei weiter?

Bieten Sie den Kindern doch Malen in anderen Positionen an: Große Bögen Papier unter der Tischplatte befestigt, sodass auf dem Rücken liegend gemalt werden kann, oder am Baum im Außengelände, vom Roller, oder Rädchen, während der Fahrt, an der Wand im Außengelände, oder, oder, oder. Lassen Sie auch Ihrer Kreativität gerne freien Lauf. Je verrückter die Idee, desto größer kann das Interesse und die Motivation des Kindes sein.

Kooperationen und gegenseitige Besuche z. B. im Altenheim sind ebenfalls zu empfehlen. Beispielsweise können hier Lesepatenschaften konstruiert werden, oder auch Dame-, Mühle-, Schach- und Mikado-Spielpartner*innen gefunden werden.

8.6 Arbeitsmethoden

8.6.1 Projektarbeit

Viele der im letzten Kapitel beschriebenen Handlungsweisen lassen sich in kleinere oder auch großangelegte Projekte integrieren. Das Arbeiten in Projekten hat in jeder Einrichtung Einzug gehalten. Als wichtig zu erachten ist hierbei die Definition dessen, was darunter verstanden wird, da beschriebene Theorien und die Umsetzung in der Praxis oft gänzlich unterschiedlich gesehen werden. Zum Ablauf der Durchführung ebenso wie zu Merkmalen von Projektarbeit lassen sich sehr viele – meist unterschiedliche – Beschreibungen finden. Geschuldet ist dies dem Umstand, dass diese Methode in allen Bereichen, in denen gelehrt und gelernt wird, Einsatzmöglichkeiten findet.

In Bereichen der Tagesstätten wird mit Projektarbeit ein geplantes, längerfristiges, konkretes Lernunternehmen bezeichnet, welches unter einem bestimmten Thema betrachtet wird. Projekte dauern eine längere Zeit und beziehen Kinder und Erwachsene gleichermaßen mit ein. Projektarbeit ist nicht einfach eine Methode, sondern eine Erziehungsphilosophie, bei der das freie, selbstbestimmte Lernen und »denkende Erfahrung« wesensbestimmend sind. Dewey (1859–1952) soll auch den Ausspruch *Learning by doing* kreiert haben, der ein, in unserem Verständnis, prägendes Element wiedergibt, nämlich: »Lernen durch Tun«.

Phasen der Projektarbeit

Das kontinuierliche Arbeiten innerhalb der Projekte lässt alle Beteiligten die gleichen Phasen durchlaufen (angelehnt an Textor, 2013; Stamer-Brandt, 2005/2010). Bei einem Projekt lassen sich fünf Phasen unterscheiden:
1. *Projektinitiative:* Aufgreifen von Ideen – im Idealfall kommt das Thema von den Kindern und ist Teil ihrer momentanen Lebenswelt. Praktiziert werden kann auch ein Ideenpool, aus dem heraus dann Vorschläge abgestimmt wer-

den. Wichtig ist die intensive Beteiligung der Kinder an der »Entstehung der Projektidee«.
2. *Planung:* Alle Beteiligten gemeinsam überlegen und tragen Ideen zusammen, welches die nächsten Schritte sein werden, um gesammelte Fragen zu erklären und zu beantworten.
3. *Durchführung:* Handlungsorientierte Auseinandersetzung mit dem Thema. Im nächsten Schritt gilt es festzulegen, woher die Informationen gewonnen werden können. Die Fragen der Erziehungsbegleiter steuern diesen Prozess: »Wer könnte das wissen?«; »Wo können wir das nachlesen?«; »Wer kann uns dabei helfen?«; »Wo finden wir die nötigen Informationen?« etc.

Der erste Weg führt meist in die Bücherei, um nötige Sach- und Bilderbücher zu leihen. »Ich könnte mit Papa im Internet surfen – mein Bruder schaut immer bei ›Blinde Kuh‹«; oder ein Opa, der sich auskennt. Alles Informationsquellen, die von den Kindern eigenverantwortlich genutzt werden können.

Das Festhalten der einzelnen Ideen und Möglichkeiten geschieht mit Unterstützung des begleitenden Erwachsenen und kann z. B. schon auf Plakaten dokumentiert werden – auch schon zur Ansicht der Eltern, die zumeist recht schnell etwas zum Thema beisteuern können.

Unterstützend zeigt sich hier eine große methodische Vielfalt – Vermittlung verschiedener Techniken im Umgang mit Medien (Overhead, Video, Diktiergerät, Tonträger, Mikro, Beleuchtung); Experimentieren, Exkursionen, Besichtigungen; Expert*innen am Arbeitsplatz besuchen und in die Einrichtung einladen; Sammeln, Vermessen, Vergleichen; Basteln, Werken, Konstruieren; Singen, Tanzen, Malen; Interviewen, Befragen; Bücher, Filme, Erzählungen und vieles mehr lässt sich integrieren. Der individuelle Prozess des Kindes steht dabei stets im Fokus und eigenständiges Lernen wird gefordert und gefördert. Interessen einzelner und der Gesamtgruppe werden koordiniert und in den Kita-Alltag integriert;

Brainstormings- und Reflexionsmethoden finden ihren Anfang und fördern metakognitive Prozesse. Durch lautes Denken, miteinander darüber reden und sich austauschen, unterstützt das Denken über das Denken. Möglichkeiten der Präsentation und Dokumentation können erarbeitet, ausprobiert und entdeckt werden (Plakatwände, Fotowände, Stellwände, Vitrinen, Zeichnungen, Nachbauten, Theater etc.).

Alle Entwicklungsbereiche werden stimuliert und aktiv gefördert. Die Kinder üben sich ganz selbstverständlich im sozialen Miteinander und finden so ihre eigene Identität.

Durch das selbstgewählte Thema sind die Kinder von Beginn an hoch motiviert, denn es gilt, ihre gestellten Fragen zu beantworten und Erkenntnisse zu erfahren.

Arbeit im Projekt bietet Möglichkeiten, in einem nicht festgelegten Rahmen, über eine unbestimmte Zeit, unterschiedliche Fähigkeiten, Ansprüche und Motivationen zu integrieren.

Sowohl begabte und hochbegabte Kinder als auch Nicht-Hochbegabte können so individuell und gemäß ihren Fähigkeiten gefördert werden.

Die Kinder kommen in die Lage, alle »Kräfte« auf ein gemeinsames Ziel zu richten. Sie alle wollen zum Abschluss ihre Erfolge und Erfahrungen präsentieren und vorführen.

Der Austausch untereinander wird wichtig. Diese Form der Arbeit bietet für alle Beteiligten individuelle Anforderungen und die Stärken jedes Einzelnen fließen ein. »Alle« heißt in diesem Fall: Kinder und Erzieher*innen.

Innerhalb der Projekttätigkeit werden die Kinder verstärkt zum eigenverantwortlichen und selbständigen Arbeiten angehalten. Sie besprechen in Teilgruppen Möglichkeiten, um an gewünschte Informationen zu gelangen und werden angeleitet, diese auch zu erlangen, getreu Montessoris (1870–1952) Handlungsmaxime: »Hilf mir, es selbst zu tun!«

4. *Präsentation/Dokumentation:* Prozess- und Produktpräsentation
Die Ausführungen sind hier grob unterschiedlich. Von kleiner gemeinsamer Runde bis zum gruppenübergreifenden Kita-Fest ist alles möglich und durchführbar. Abhängig sicherlich auch von der Intensität, mit der am und im Projekt gearbeitet wurde. Der Rahmen sollte angemessen sein.

5. *Reflexion:* Überprüfung der Ergebnisse und Bewertung des Projekts
Zum metakognitiven Wissen gehören Kenntnisse über das eigene Wissen. Überwachung, Bewertung und auch Regulation des weiteren, zukünftigen Handelns ist dazu nötig. Die gemeinsame Auswertung des Projektes erfolgt mit allen Teilnehmer*innen und ermöglicht einen zusätzlichen Austausch über gemachte Erfahrungen, Handlungsformen, Methoden und die vielfältigen Kompetenzen einzelner und der Gesamtgruppe. Integration findet statt, jedes Kind äußert sich, trägt zum gemeinsamen Abschluss bei und ist ein angenommenes Teammitglied.

Eine Auswertung des Lernens kann unter anderem im Brainstorming oder auch im »Sitzkreis, mit Erzählstein« stattfinden. Leitfragen dazu können z. B. sein:
- Was haben wir erfahren?
- Gibt es gewonnene und nutzbare Erfahrungen, die wir auch in anderen Bereichen nutzen können?
- Haben wir etwas Neues gelernt?
- Was haben wir benutzt, was euch bis dahin ungewohnt war (neue Materialien und Methoden)?
- Wobei brauchten wir Hilfe?

- Wurden alle unsere Fragen beantwortet?
- Was hat am meisten Spaß gemacht?
- Was hilft mir, wann und wobei?
- Wen kann ich fragen, wo erhalte ich Informationen?
- Was kann/konnte ich gut umsetzen, wo bedarf es weiterer Hilfestellung?

Regelmäßig durchgeführte Reflexionsrunden ermöglichen den Rückblick auf gemachte Erfahrungen und erweitern die Kompetenzen. Exemplarisches Lernen findet Unterstützung und lässt sich auf weitere Themen übertragen.

Die Fachkraft ist Prozessbegleitung und ermuntert zu selbständiger Tätigkeit. Sie wird zum*zur Berater*in und Moderator*in.

Durch Fragestellungen initiiert sie Denkprozesse und regt zum eigenständigen Handeln an. Probleme werden nicht durch sie gelöst, sondern finden Anregung zum eigenen Bewerten und hinterfragen. Die Kinder werden angeregt »laut zu denken« und tauschen ihre Erkenntnisse aus. Der Transfer aus gemachten Erfahrungen auf folgende Handlungen findet statt und wird für alle Beteiligten nutzbar. So kann auch schon in Kindertageseinrichtungen mit Kindern reflektiert werden, und der Austausch von Wissen wird ihnen bewusst. Auch hier können Plakate erstellt werden – als Hilfe dienen Bilder, Symbole, Fotos und alles, was sich darstellen lässt, ohne an eine Verschriftlichung gebunden zu sein.

Da in einer Kita keine starren Zeitrahmen gegeben sind, findet die Erarbeitung einzelner Bereiche angemessen intensiv statt.

Die genaue Beobachtung ermöglicht das rasche Eingreifen bei Misserfolgen und beugt einem Motivationsabfall vor. Impulse werden gegeben und dienen als Schwungrad. Verschiedene Möglichkeiten des weiteren Vorgehens werden mit den Kindern besprochen, geprüft und bewertet, bevor sie eine Umsetzung erfahren.

Die Fachkraft verändert sich vom*von der »Beschäftigungsleiter*in« zum*zur »Projektleiter*in«. In dieser Funktion variieren die Rollen zwischen Animateur*in, Berater*in, Kritiker*in, Moderator*in und Lernpartner*in.

Die Fähigkeit zur Selbststeuerung wird gefördert, indem eigenständiges Lernen begleitet und unterstützt, aber nicht diktiert wird. Mitbestimmung der Kinder wird gefördert und jede*r Einzelne wird beobachtet, um den Wissensstand, die Neigungen, die Fähigkeiten und die Erwartungen individuell erfassen zu können.

Interessens- und Entwicklungsstandserhebung werden von der Fachkraft dokumentiert und ein aktives Überwachen der einzelnen Phasen findet statt.

Zu jeder Zeit muss der initiierende Erwachsene das Wissen der Kinder codieren und die unterschiedlichen Fähigkeiten berücksichtigen, damit keiner verloren geht und die Motivation anhält. An ihm* ihr liegt es, durch sensibles Steuern die Kinder in ihrer Lernfreude anzunehmen, anzuregen und voranzubringen. Durch das Anleiten von Problemlösungen, das Begutachten und sensible, aber ehrlich kritische Bewertungen der einzelnen Aktionen, gelingt es, selbstgesteuerte Lernprozesse zu ermöglichen.

Im Projektverlauf begibt sich der*die eigentlich Lehrende immer weiter in die Rolle des Beobachters*der Beobachterin und hat Raum zum Beobachten und Dokumentieren des Verlaufes und der einzelnen Projektmitglieder. Die so nötige Beobachtung findet statt und erlaubt ein genaues und differenziertes Erfassen des einzelnen Kindes.

Jede*r Einzelne bringt seine Stärken mit ein und hat die Möglichkeit, sich in der gesamten Gruppe einzubinden, unabhängig vom Alter des Kindes. Ideen finden Wertschätzung und Anerkennung. Geprägt von einer hohen emotionalen Sicherheit, die das gewohnte und familienergänzte Umfeld der Tagesstätte bietet, reifen die Kinder zu Teammitgliedern, die alle das gleiche Ziel verfolgen und sich auf dem Weg dorthin mit ihren individuellen Fähigkeiten ergänzen.

Begabte Kinder fordern schon früh hohes didaktisches und methodisches Geschick und Vielfalt von pädagogischen Begleiter*innen. Sich darauf einzulassen, erfordert Mut und die Lust, selber zum*zur Entdecker*in und Lerner*in zu werden.

8.6.2 Lernwerkstatt und entdeckendes Lernen

»Entdeckendes Lernen heißt: fragen nach dem, was mich beschäftigt, verstehen wollen, was ich erfahren habe mit anderen zusammen die Welt ein Stück entzaubern, um dabei immer neue Rätsel aufzutun. Entdeckendes Lernen heißt: Sich auf den Weg machen, um die Dinge und Menschen um sich herum besser begreifen zu lernen.« (Zocher, 2000, S. 282)

Lernwerkstätten werden als Bildungsräume verstanden (vgl. praxis kompakt, 2007), welche Kinder in ihrem eigenen Bildungsprozess unterstützen. Eine Lernwerkstatt ist in der Regel ein fest eingerichteter Raum mit vielfältigen Werkzeugen, Materialien und Alltagsgegenständen. Sie ist so eingerichtet, dass Kinder, Jugendliche oder auch Erwachsene zum Staunen, Fragen, Ausprobieren und Entdecken angeregt werden und forschend lernen können.

Lernwerkstattsbereiche können ihren Platz in jeder Kita finden. Es gibt auch Einrichtungen, die »rollende Lernwerkstätten« haben, hier handelt es sich um Containerschränke auf Rollen, die innerhalb der Gruppen wandern und Kinder zum Agieren einladen. Oder auch Regale, die mit unterschiedlichen Themenbereichen auffordern, in Aktion zu kommen (z. B. mit Aktionstabletts).

Material und Standort können schnell den Bedürfnissen der Kinder angepasst werden und bieten Raum an unterschiedlichen Stellen – Nebenräume, Nischen, Flure, Bauwagen, Gartenhäuschen und mobile Wagen können genutzt werden.

Vorläuferfähigkeiten und ganz individuelle Bildung sollen möglich gemacht werden und Kindern Räume bieten, ihrem Entdecker- und Forscherdrang nachzugehen.

Idealerweise in Verknüpfung mit Projekten lassen sich z. B. Aufgaben vertiefen und Dinge noch genauer erforschen.

Kinder können sich konzentriert und selbsttätig auseinandersetzen, machen ganzheitliche Erfahrungen. So kann individuellen Interessen nachgegangen werden.

Die Idee vereint einige Aspekte der vorher beschriebenen Konzepte – Malaguzzi forderte beispielsweise Räume, in denen Lernfreude aufgegriffen wird. Montessori unterstrich ihre Sicht mit der Aussage: »Hilf mir, es selbst zu tun«, und Freinets Pädagogik war und ist deutlich den Gedanken vom Vertrauen in die Fähigkeiten des Kindes zugewandt.

Lernwerkstätten ebenso wie Ateliers basieren auf den Ansätzen der Reformpädagog*innen und unterstreichen das Arbeiten und den Alltag in diesen Bereichen zusätzlich mit den Grundgedanken Pestalozzis (1746–1827), dem Lernen mit »Kopf, Herz und Hand«.

Unterschiedliche Themen, orientiert an Gardners Intelligenzen, könnten in Lernwerkstätten wiederzufinden sein.

Ideale Rahmenbedingungen also für begabte, sehr interessierte Kinder, denen individuelle Möglichkeiten des Lernens und Erfahrens geboten werden.

Eingebunden in die Arbeit in der Lernwerkstatt sind Gruppenarbeit, aber auch die Möglichkeit der Einzelarbeit. Lernwerkstätten, egal in welcher Form sie angeboten werden, ob als Raum, als kleiner wechselnder Bereich, oder auch mobil auf Rollwagen, bieten eine adäquate Alternative und Ergänzungen zum pädagogischen Alltag, themenspezifisch, in allen Einrichtungen.

Forschendes und entdeckendes Lernen hat schon länger Einzug in die Einrichtungen gehalten. In Lernwerkstätten lassen sich diese Prinzipien gut umsetzen.

8.6.3 Die Rolle des Spiels

An dieser Stelle soll neben den bewusst initiierten Lernformaten ein kurzes Plädoyer für das freie Spiel des Kindes erfolgen.

Dem kindlichen Spiel sollte mehr Beachtung entgegengebracht werden, es ist nicht nur Zeitvertreib, sondern bietet ebenfalls vielfältige Bildungs- und Lernerfahrungen.

Im kindlichen Spiel entwickeln sich Vorläuferfertigkeiten und es bietet im pädagogischen Alltag viele Ansatzpunkte der Förderung und Forderung. Krenz konstatiert: »Das Spiel ist der Beruf des Kindes!« (Krenz, 2007)

Auch die UN-Kinderrechtskonvention thematisiert diesen Bereich der kindlichen Entwicklung. Artikel 31 *Beteiligung an Freizeit, kulturellem und künstlerischem Leben; staatliche Förderung* besagt:

»Die Vertragsstaaten erkennen das Recht des Kindes auf Ruhe und Freizeit an, auf Spiel und altersgemäße aktive Erholung sowie auf freie Teilnahme am kulturellen und künstlerischen Leben.« (UN-Kinderrechtskonvention 1989; Verfügbar unter: https://www.kinderrechtskonvention.info/(28.1.2018))

»Das Spiel ist über unterschiedliche Kulturen hinweg ein zentrales Phänomen menschlichen Verhaltens, bei Kindern wie Erwachsenen. In den ersten sechs Lebensjahren spielt ein Kind ca. 15000 Stunden – sofern es Gelegenheit dazu hat. Das Kinderspiel (Kinder/Kindheit) wird eng mit kindlicher Entwicklung (Entwicklung) und mit Lernen (Lernen) verknüpft. Bei spielenden Kindern sind alle Voraussetzungen für erfolgreiches Lernen erfüllt. Kinder sind während des Spiels aktiv, höchst konzentriert, motiviert, stark emotional beteiligt und vertieft in ihre Handlungen. [...] Dabei werden dem Spiel unterschiedliche Eigenschaften zugewiesen. Spielen macht Spaß, ist intrinsisch motiviert, hat das Ziel in sich selbst, wird nach bindenden Regeln verrichtet ist dennoch flexibel und häufig von Wiederholungen oder Ritualen geprägt. Es wird von einem Gefühl der Spannung und Freude begleitet, beinhaltet aktives Engagement und Nachahmen, Ausprobieren, Experimentieren, Phantasieren, erfolgt allein oder mit anderen [...]« (Bergs-Winkels/Schneewind, 2010, S. 277)

Das kindliche Spiel hat verschiedene Funktionen (vgl. Bergs-Winkels/Schneewind, 2010, S. 278):

- »Lernen durch Aktivität, Anregung, Übung und Wiederholung
- Entspannungsfunktion, durch lustvolles Erleben
- Soziale Funktion, der Austausch des Kindes mit anderen Menschen oder die Auseinandersetzung mit Gegenständen
- Bewältigung von Entwicklungsaufgaben und Beziehungsthematiken wie Macht und Kontrolle, Ablösung und Abgrenzung, Trennung, Sauberkeitserziehung
- Realitäts- und Problembewältigung durch Übernahme anderer Perspektiven, durch Nachahmung, Transformation der realen Situation und Realitätswechsel
- Aneignung der Umwelt durch Vergegenständlichung und Auseinandersetzung«

Soziale Erfahrungen und Erlebnisse werden im selbst gewählten und eigenständigen Handeln erlebt, und Kinder erleben sich als Konstrukteur*innen und Regisseur*innen ihrer eigenen Welt. Spaß, Entspannung und Flow-Erlebnisse finden ebenso statt wie die Förderung von Konzentration, Ausdauer und der Umgang mit Konflikten. Kurz zusammengefasst: Spielen fördert und fordert!

8.6.4 Begabungsförderndes Lernen

Gerade in Projekten und Lernwerkstätten können begabte Kinder ihr ganzes Fähigkeiten-Profil nutzen und zeigen. Hier werden Fertigkeiten anerkannt und unterschiedliche Wege genutzt, um der Fragestellung der gesamten Gruppe nachzugehen. Kompetenzen einzelner fließen ein und werden geschätzt. Kinder bringen als Lernende eine gewisse Grundbereitschaft mit, Alternativen zu erkunden. Explorationsverhalten, kindliche Neugierde und auch die Bereitschaft eine Weile Ungewissheit zu ertragen, sind ihnen gegeben.

Ebenso ist jedem Kind eine natürliche Risikobereitschaft inne, Neues zu erkunden und zu entdecken. Ideale Voraussetzungen also, um Kompetenzen herauszukitzeln und Projekte entstehen zu lassen.

Das Lernen besonders Begabter unterscheidet sich nach Weinert in fünf Punkten vom Lernen anderer (vgl. ICBF, 2007):
- durch ein höheres Lerntempo,
- durch ein höheres kognitives Niveau,
- durch eine intelligentere Wissensorganisation,
- durch höhere metakognitive Kompetenzen und
- durch höhere kreative Fähigkeiten.

Begabte Kinder benötigen ein Umfeld, in dem ermutigt wird, Aufgaben selbst zu erfinden, andere Denk-Wege zu gehen und dies nach außen zu tragen. Bei guter Unterstützung und angemessener Forderung lassen sich die benannten Merkmale deutlich erkennen.

Sowohl Umweltfaktoren als auch Persönlichkeitsfaktoren des Kindes beeinflussen den Lernprozess.

Laut Weinert (2000) wirkt er als entscheidender Mechanismus bei der Umsetzung hoher Begabung in exzellente Leistung. Bei besonders begabten Kindern kann ein gelingender Lernprozess sehr gute Leistungen ermöglichen, während ein misslingender Lernprozess folglich Minderleistungen auslösen kann. Hohe Begabungen können in unterschiedlichen Bereichen auftreten. In Kindergarten und Schule sollten wir im Sinne einer ganzheitlichen Förderung eine breite Palette an Begabungen fördern. Innerhalb der Projektarbeit lassen sich die von Weinert (2000) beschriebenen Prinzipien begabungsfördernden Lernens ideal umsetzen.

Wissen erwerben wir nur durch Lernen. Lernen ist die Brücke zwischen hoher Begabung und exzellenter Leistung. Damit Kinder und Jugendliche optimal gefördert werden, soll der Lernprozess nach folgenden Prinzipien ausgerichtet sein:

Aktiv-konstruktiv: Kinder und Jugendliche sind beim Lernprozess innerlich beteiligt und können somit eigenständiges Wissen aufbauen.

Zielgerichtet: Kinder und Jugendliche kennen Lernziele und sind sich ihrer eigenen Ziele bewusst.

Kumulativ: Das neue Lernen der Kinder und Jugendlichen baut auf ihrem vorhandenen Wissen und Können auf.

Systematisch: Der Wissensaufbau für die Kinder und Jugendlichen orientiert sich an der Systematik eines Faches oder Themas.

Situiert: Das Wissen ist praxisbezogen und orientiert sich an der Lebenswelt des Kindes.

Selbstgesteuert: Kinder und Jugendliche können ihren Lernprozess selbst planen, überwachen und kontrollieren.

Kooperativ: Das Lernen geschieht auch in Teamarbeit und Gruppenunterricht.

Die Prozesseigenschaften des Lernens beeinflussen sich gegenseitig. So ist der gesamte Lernprozess mehr als die Summe seiner einzelnen Teile. Weinert (2000) definiert selbstgesteuertes Lernen als eine Lernform, bei der der*die Lernende den Einfluss und die wesentlichen Entscheidungen, ob, was, wann, wie und woraufhin er*sie lernt, gravierend und folgenreich, von ihm*ihr selbst beeinflusst werden können.

Alles, was der Mensch wissen und können muss, wird gelernt und zwar unabhängig von seinem Begabungsniveau, den Denkinhalten und den Verhaltensformen. Die genetische Ausstattung und frühe Lernerfahrungen wirken sich dabei erleichternd oder erschwerend auf diese Lernprozesse aus.

Unabhängig von der Art und Weise, wie jemand lernt, sollte das Lernen stets eine subjektive Herausforderung darstellen. Da dies bei Hochbegabten nicht immer der Fall ist, muss sich Hochbegabtenförderung darum bemühen, Herausforderungen und Lernfelder zu schaffen.

Zwei grundsätzliche Anforderungen stellt Weinert an Fördermaßnahmen (vgl. Fischer et al., 2012):
1. Lernen muss herausfordernd sein, Freude erzeugen, Selbstwirksamkeit erfahrbar machen und im Dienste wichtiger Ziele stehen.
2. Lernen sollte sowohl in homogenen Gruppen Hochbegabter als auch in heterogenen Gruppen mit Schülern unterschiedlicher Begabung stattfinden.

Forderungen, die innerhalb der Projektarbeit eine gute Umsetzung finden und den Erwerb von Lernstrategien beeinflussen. Sowohl Umweltfaktoren als auch Persönlichkeitsfaktoren des Kindes beeinflussen, sprich den Lernprozess.

Hohe Begabungen können in unterschiedlichen Bereichen auftreten. In Kindergarten und Schule sollten wir im Sinne einer ganzheitlichen Förderung eine breite Palette an Begabungen fördern.

 An den Kriterien nach Weinert beschriebene Projektdarstellungen finden Sie in der Handreichung *Individuelle Förderung – Begabtenförderung*, Verfügbar unter: http://www.icbf.de/images/stories/Publikationen/Handreichungen/leitfaden.pdf (11.01.2018).

Zusammenfassung

Individuelle, begabungsfreundliche Förderung steht und fällt mit den Angeboten der Tagesstätten. Eine offene Haltung, sowohl in Bezug auf Vielfalt innerhalb des Raumes als auch in Bezug auf die anvertrauten Kinder, schafft eine Atmosphäre in der gelernt, erprobt, erforscht und erfahren werden kann. Beziehung gilt hier als besonderer Förderaspekt. Anerkennen und Verantwortung übertragen, lässt Kinder wachsen und schafft eine stabile emotionale Basis. Individualisierung der Möglichkeiten schafft einen guten Nährboden zum kreativ-produktiven Lernen. »Fördern auf Verdacht« – unterstützt durch forschendes, entdeckendes Lernen, möglichst in Projekten – bringt Fähigkeiten und Ressourcen der Kinder zu Tage. Offene, vielfältige Fragen und möglichst offen gestaltete Aufgaben animieren Kinder und zünden Kreativität und Motivation.
Rücksicht auf die kognitive Entwicklung nehmen – Altersbeschränkungen abschaffen und Kinder bitte nicht bremsen! Kinder brauchen für eine gesunde Entwicklung eine Waage zwischen den eigenen Potenzialen, ihren Bedürfnissen zum einen und dem Angebot und der Anforderung des Umfeldes zum anderen. Gerade im Kindergarten, ohne fest vorgegebenes Curriculum, bieten sich dazu umfangreiche Möglichkeiten. Inhalte und Zeitumfang zu Angeboten und Projekten sind hier nicht vorgeschrieben, sodass individuelle Lern- und Leistungspotenziale optimal berücksichtigt werden können. Unterstützend können Elemente aus Lernwerkstätten einbezogen und Aspekte des »Entdeckenden Lernens« integriert werden.
Projektarbeit eignet sich sehr gut zur individuellen Förderung, zur Beobachtung und zur Dokumentation von unterschiedlichsten Kompetenzen.
In der Kita bieten sich vielfältige Möglichkeiten, Themen zu erfahren, zu entdecken und zu erkunden. Kinder müssen jedoch an den Planungen beteiligt sein. Reflexionen werden eingebunden und erlauben den Zugewinn an Erkenntnissen.

Förderung in Kindertageseinrichtungen

Übungsaufgabe/Fragen zur Praxis

Betrachten Sie die Bereiche in Ihrer Gruppe!

Sehen Sie genügend Herausforderung und frei zugängliches Material? Betrachten wir im Zusammenhang zur Förderung noch einmal Gardners (2012) Intelligenzen und die Beobachtungsmöglichkeiten, wie schon im → Kapitel 4 beschrieben, erhalten wir einen guten Rahmen zu Aspekten, die beobachtbar sind. Vergleichen Sie die Merkmale mit den Bereichen in Ihrer Einrichtung.

– Finden Sie gute Möglichkeiten, diese Merkmale zu entdecken? Können Sie den Großteil der beschriebenen Intelligenzen, innerhalb ihres Arbeitsbereiches beobachten?
– Beteiligen Sie Kinder an der Planung von Projekten und binden Sie Kinder kontinuierlich in die Prozesse ein?
– Haben Kinder Möglichkeiten, Dinge selbstständig zu erproben und zu erlernen?
– Arbeiten Sie in Phasen, z. B. angelehnt an Stamer-Brandt (2010) und reflektieren Sie mit Kindern, was gut gelaufen ist, was noch verbessert werden kann?
– Stellen Sie sich in ihrer Praxis gerne selbst Fragen: Zeigen Sie Begeisterung bei der Erkundung einzelner Bereiche und werden mit den Kindern zum*zur Forscher*in und Entdecker*in?

Nachgefragt und weitergedacht
– Arbeite ich mit Symbolmaterial (Buchstaben, Zahlen, Formen …)?
– Stelle ich ansprechende Materialien und Bücher frei zur Verfügung?
– Ermutige ich, Bücher zu benutzen und bespreche die Inhalte?
– Ermutige ich die Kinder, Bücher von zu Hause mitzubringen?
– Beschaffe ich Materialien zu interessanten Themen?
– Sehen Kinder Materialien, die ihnen einen Aufforderungscharakter bieten?
– Fördern Sie eine altersgemäße Selbstständigkeit?
– Stelle ich attraktives Spielmaterial (didaktisches und offenes) zur Verfügung?
– Nutze ich auch Routineaufgaben als Lernmöglichkeit?
– Übe ich mit den Kindern Anfänge von verschiedenen Denk-Techniken wie Brainstorming, Assoziieren etc.?
– Erkenne ich, welche Strategien Kinder nutzen, um selbständig den eigenen Wissenserwerb voranzutreiben?
– Habe ich sicher im Blick, dass Anweisungen, Liedertexte, Spielregeln, Gesprächsinhalte usw. auch gut verstanden werden und relevante Informationen »codiert« sind?
– Wertschätze ich verrückte Ideen, auch wenn sie mit Aufwand zusammenhängen?

- Schaffe ich Gelegenheit, Gespür für Farben, Klänge, Bilder, Tastempfinden, Gerüche zu entwickeln?
- Beobachte ich den Umgang mit Material und dessen Gebrauch? Wechsel und ergänze ich Materialien zeitnah?
- Stelle ich sicher, dass Regeln verständlich erklärt sind und biete ich Möglichkeit, Regeln auf Gültigkeit und Nutzen zu hinterfragen?
- Erweitere ich den Wortschatz der Kinder bewusst, auch mit Fachbegriffen und »schweren Wörtern & Ausdrücken«?
- Gehe ich mit den Kindern auf die Suche nach neuen Projekten?
- Rege ich Diskussionen und das Hinterfragen bestimmter Details an?
- Unterstütze ich Kinder bei der Beantwortung von Fragen, ohne die Antwort vorzugeben?
- Lerne auch ich gerne neue Dinge, mit und auch durch die Fragen der Kinder?
- Schaffe ich Möglichkeiten den »Flow« zu erleben?
- Findet das Kind Anregungen und Herausforderungen in den Räumen unserer Tageseinrichtungen?
- Ermöglichen unsere Raumgestaltung und unsere Angebote sowie Tagesabläufe, dass Lerndispositionen ebenso wie Gemeinschaft und Ruhezonen gefördert werden?
- Wie reagiert das Kind auf die von mir und uns gestaltete Umwelt?

Kapitel 9 Pädagogische Konzepte und Ansätze in der praktischen Arbeit

 Welche pädagogischen Ansätze bieten förderliche Aspekte zur Begabungsförderung? Welchen Mehrwert bieten unterschiedliche pädagogische Konzepte? Wo sind Unterschiede, und welche Gemeinsamkeiten sind förderlich?

Tageseinrichtungen für Kinder arbeiten in der Regel nach einer verbindlichen Konzeption, die vom Team der Einrichtung erarbeitet und auf die jeweiligen Rahmenbedingungen hin beschrieben wird.

Hierbei handelt es sich um eine Aufstellung der Art und Weise, wie mit Kindern und Eltern gearbeitet wird. Erziehungsauftrag und die Leitgedanken der Einrichtung werden hier definiert, beschrieben und dargelegt.

»Eine Konzeption ist eine schriftliche Ausführung aller inhaltlichen Schwerpunkte, die in dem betreffenden Kindergarten/einer Kindertagesstätte für die Kinder, die Eltern, die Mitarbeiterinnen selbst, dem Träger und die Öffentlichkeit bedeutsam sind. Dabei spiegelt die Konzeption die Realität wider und verzichtet auf bloße Absichtserklärungen. Jede Konzeption ist damit individuell und trifft in ihrer Besonderheit nur für diese spezifische Einrichtung zu, um das besondere Profil zu verdeutlichen und unverwechselbar mit anderen Institutionen zu sein. Ihre Aussagen sind für alle Mitarbeiterinnen verbindlich« (Krenz, 1996, S. 13)

Diese Ausarbeitungen verstehen sich als Richtlinien, für alle die innerhalb der Einrichtung tätig sind und definieren das Bild, welches außen wahrgenommen werden soll.

Konzeptionen erläutern die grundsätzliche Orientierung der Einrichtung und beschreiben pädagogische Ansichten und Schwerpunkte. Eckpunkte zur Elternarbeit, gesetzliche Forderungen wie Vereinbarkeit von Beruf und Familie fließen ebenso ein wie Qualitätssicherung und eine deutliche Beschreibung zum Blick auf das Kind.

Unterstützt werden diese Konzepte durch die Beschreibung eines pädagogischen Ansatzes, der die Arbeit untermauert.

Für die Begabtenförderung ist es wichtig, in der Konzeption einer Einrichtung, in Bezug auf die pädagogische Arbeit und das Selbstverständnis der pädagogischen Fachkraft, verankert zu sein.

Die Einrichtung selbst sollte in ihren Überlegungen, gemeinsam, mit Blick auf Träger, Eltern, Kinder und dem in der Praxis agierenden Team, in gutem Dialog, die einzelnen Aspekte prüfen und in die Arbeit integrieren.

Es empfiehlt sich, mit unterschiedlichen Materialien zu experimentieren und sich gemeinsam mit Kindern auf den Weg zu machen, auch um nicht intendierte Nutzungen, über die Funktion in der Montessoripädagogik hinaus, zu entdecken, wie das Beispiel von Sonja zeigt:

Sonja, vier Jahre und Tobias, fünf Jahre

Die Erzieherin, ausgebildete Montessori-Pädagogin und erst seit kurzer Zeit in der Einrichtung, hatte unterschiedliche Montessori-Materialien entdeckt und diese den Kindern vorgestellt: unter anderem den ›Rosa Turm‹ und die ›Braune Treppe‹.

Die Kinder hörten aufmerksam zu, als sie ihnen zu vermitteln versuchte, zu welchem Zweck dieses Material genutzt werden kann und wie sie damit agieren können.

Nach einigen Tagen konnte die Erzieherin einem Gespräch zwischen der vierjährigen Sonja und dem fünfjährigen Tobias folgen: »Lass doch den Turm nehmen, damit können wir einen super Aussichtsturm für unseren Zoo bauen!« »Ne«, sagte Sonja, »lieber nicht. Damit dürfen wir doch so nicht mehr bauen. Vor allem, weil die einzelnen Teile so exakt ineinanderpassen. Weißt du, dass der kleine rosa Würfel genau so dick ist wie das kleinste braune Teil? Ich glaube, wenn man die kleine Stufe in ganz gleiche Stücke schneidet, kann man ganz viele, genau große, rosa Stücke machen.«

Die Erzieherin setzte sich zu den Kindern: »Sonja, da hast du eine ganz tolle Entdeckung gemacht und noch dazu eine, die vollkommen richtig ist! Was meinst du? Ihr zeigt mir, was ihr noch so alles mit der braunen Treppe und dem rosa Turm machen könnt und ich zeige euch, was Maria Montessori damit gemacht hat! Sollen wir das so machen?«

Die Erzieherin ist hier direkt auf die Kinder eingegangen, ohne strikt nach den eigentlichen Vorgaben zu handeln. In der darauffolgenden Zeit gelang es ihr, dass die Kinder sich mehr und mehr auf das Material einlassen konnten. Sie konnte ihr Wissen und ihre Kompetenz einbringen und die Kinder nach ihren Bedürfnissen agieren. Die Montessori-Materialien hielten mehr und mehr Einzug, genutzt nach der ursprünglichen Vorgabe und den Ideen der Kinder. Beides ist möglich.

Die folgenden pädagogischen Ansätze haben in ihrer ursprünglichen Entwicklung oftmals Begabungsförderung nicht explizit im Blick. Alle Richtungen sind geprägt durch einen spezifischen Blick auf das Kind und die Haltung der Erziehenden. Ähnlichkeiten und Parallelen finden sich in den verschiedenen Ansätzen. Die Konzepte werden vorgestellt, um deutlich zu machen, welche Potenziale sie für die Begabungsförderung haben.

Wir sind uns an dieser Stelle bewusst, dass dies eine eklektizistische Herangehensweise ist, da wir aus unterschiedlichen pädagogischen Traditionen Aspekte auswählen, die sich für eine individuelle (Begabungs-)Förderung besonders eignen. Wir verstehen das im Sinne einer Anregung für die Gestaltung des pädagogischen Alltags. Daher finden sich auch nicht alle bekannten Richtungen der Pädagogik in der nachfolgenden Tabelle, sondern nur die, die Potenziale für eine begabungsfördernde Lernkultur aufweisen.

Die beschriebenen pädagogischen Richtungen beinhalten Möglichkeiten, um die genannten Merkmale von Begabung in das pädagogische Handeln im Sinne einer individuellen Förderung zu ermöglichen.

Zur Erinnerung
Die Merkmale von Begabung sind:
Lernbegierde
Perfektionismus
Kreativität
Persönliches Engagement
Idealismus
Intelligenzbereiche nach Gardner
Das Bild vom Kind ist:
aktiv
selbsttätig
kommunikativ
sinnlich erfahrend
selbstbestimmt
perfektionistisch

Eine zusammenfassende Gegenüberstellung (→ Tab. 4) macht deutlich, wo die Potenziale für die individuelle Begabungsförderung liegen.

Tabelle 4: Gegenüberstellung der pädagogischen Ansätze (eigene Darstellung nach Dreier, 1993; Fthenakis/Textor, 2000; Knauf et al., 2007; Ebert, 2007; Kinderwelt GmbH, 2013; Ebert et al., 2017)

	Montessori Maria Montessori (1870–1952)	Freinet Cèlestin Freinet (1896–1966)	
Haltung/Blick auf das Kind	Kinder als gleichberechtigte Partner ansehen. Pädagogische Fachkräfte, Montessori Pädagog*innen sehen sich als Unterstützer*innen und Beobachter*innen. Achtung des Kindes und die damit verbundene Auffassung, die eigene, kindliche Individualität, frei und selbstständig entwickeln zu lassen. Erwachsene als wichtiges Bindeglied zwischen der Umwelt und der »kindlichen Seele«. Selbständigkeit des Kindes und dessen eigene Persönlichkeit im Zentrum des pädagogischen Handelns.	Beobachter*innen, Helfer*innen, Assistent*innen. Raum und Zeit geben. Bewusstsein der pädagogischen Begleitung, dass Lernlust des Kindes verknüpft ist, mit der Lust sich zu bewegen, zu forschen, selbständig tätig zu sein. Kinder in der Lage, eigene Bedürfnisse zu erkennen, zu bewältigen. Gespür für das, was Kinder benötigen.	

Reggio 1963 erste kommunale Kitas in Italien	Early Exzellent Center Ursprung 1983 Pen Green Center England	Fröbel Friedrich Fröbel (1782–1852)
Kinder als vollwertige, menschliche Wesen, nebst eigener Identität und Kultur ansehen. Ansicht: Kinder haben große, meist nicht ausgeschöpfte Möglichkeiten; wollen eigene Möglichkeiten entwickeln und zeigen; Konstruieren aktiv Wissen; sind Entdecker*innen u. Forscher*innen; soziale Wesen; zeigen sich sehr individuell; haben 100 Sprachen; Erzieher*innen, Eltern, Fachleute begleiten die Kinder, Potenziale zu entwickeln; Forschen und Entdecken gemeinsam; Hilfestellung, bei der Entwicklung sozialer Kompetenzen, Erfüllen der Lernbegierde, Bilden der Identität. Begleiter*innen akzeptieren, bieten Vertrauen, Akzeptanz und Liebe. Sie stützen das Tun und die Selbsterfahrungen.	Zuwendung durch physische Nähe und Mimik. Kinder unterstützen und ermutigen, selbst zu wählen zu entscheiden, angemessene Risiken einzugehen. Bewusstsein des Erwachsenen, dass Haltung und die Einstellung das Kind beeinflussen. Lernpartner*in, Ermutiger*in und Begleiter*in sein. Durch Dokumentationen bildungsförderliche Aspekte entdecken. Sanfte Intervention – Warten und Beobachten in respektvoller Distanz, um den kindlichen Kontext zu sehen und Lernprozesse an Erfahrungen anknüpfen zu lassen.	Kind beim Erkunden der Welt unterstützen. Begleiter*innen als Vermittler*in und Partner*in, damit Kinder die Welt verstehen. Fördern durch »Wachsen lassen«. Lernerfolge sollen nicht erzwungen werden. Vorhandene Kompetenzen fördern und unterstützen.

	Montessori Maria Montessori (1870–1952)	Freinet Cèlestin Freinet (1896–1966)	
Material/Raum	Materialien für die Übungen des täglichen Lebens, Sprachmaterialien, Mathematische Materialien, Sinnesmaterialien, Material zur kosmischen Erziehung. (Beispiele: Rosa Turm, braune Treppe; goldenes Perlmaterial); Vorbereitete Umgebung.	Unterschiedliche, vielfältige Werkstätten und Ateliers.	
Grundsätze	Maria Montessori (1870–1952) entwickelte Pädagogik, Anwendung erstmalig 1907 in einer Kita in Rom. Hohes Engagement, für die Anerkennung des Kindes, seiner Entwicklung und Erziehung. Kinder als Schöpfer*innen und Erbauer*innen. Raum für freies Denken und freie Entscheidungen, um selbständiges Denken und Handeln herauszufordern. Grundsatz aus dem Konzept: »Hilf mir, es selbst zu tun«	Cèlestin Freinet 1896–1966) und Ehefrau Élise Freinet (1898–1983) entwickelten gemeinsam mit Lehrern. Ursprünglich nur für Schule konzipiert, erste Kitas 1979. Freinet: Jedem Kind die Chance bieten, sich gemäß seiner Persönlichkeit, Begabungen und Fähigkeiten zu entwickeln. Grundsatz aus dem Konzept: »Dem Kind das Wort geben«	

Pädagogische Konzepte und Ansätze in der praktischen Arbeit 107

Reggio 1963 erste kommunale Kitas in Italien	Early Exzellent Center Ursprung 1983 Pen Green Center England	Fröbel Friedrich Fröbel (1782–1852)
Piazza als Zentrum in der Kita – Treffpunkt und Kommunikatiosstelle. Pädagogische Praxis gestalten, dass Kinder sich auf vielfältige Art und Weise ausdrücken und zeigen können. Wenig vorgefertigtes Material. Regale, Tische, Kästen, Nischen, mit unterschiedlichst geordnetem, sehr vielfältigem Material und Werkzeug. Kinder sollen nicht reproduzieren, sondern neues gestalten und erfinden. Raum als »dritter Erzieher«.	Ich-Buch; Expertenbücher; Materialien frei zugänglich, anregende Umgebung. Gestaltung der Räume und Auswahl von Materialien sollen Kinder einladen zu Erkundungen und ausdauernd, phantasievoll zu agieren.	Spieltheorie, mit ergänzenden »Spielgaben«, bestimmte Basteltechniken, zur Förderung von Konzentration, Geschicklichkeit, Phantasie. Garten/Pflanzen.
Durch Bürger*innen der Stadt Reggio initiiert, gemeinsam mit Fachkräften, Eltern und Kindern, die ein facettenreiches und gemeinsam verantwortetes Bildungskonzept umsetzen wollten. Offenes pädagogisches Handlungskonzept. Ende der 1960er-Jahre durch Professor Loris Malaguzzi (1920–1994) initiiert. Seit den 1990er-Jahren anerkannte pädagogische Richtung. Grundsatz aus dem Konzept: »Kinder sind – ebenso wie Dichter, Musiker, Wissenschaftler – eifrige Forscher und Gestalter [...] Unsere Aufgabe besteht darin, den Kindern bei ihrer Auseinandersetzung mit der Welt zu helfen [...]«	Ursprung im 1983 gegründeten Pen Green Center in England. EEC-Programm seit 1997 auf nationaler Ebene einen festen Stellenwert durch Eröffnung des ersten Early Excellence Centre. Hoher Qualitätsanspruch an die pädagogische Arbeit, intensive Zusammenarbeit mit Eltern, als Expert*innen ihres Kindes. Familienhilfe, Elternbildung und weiterführende Angebote angebunden. Öffnung nach außen und Vernetzung mit Kooperationspartner*innen. Grundsatz aus dem Konzept: »Alle sollen das erhalten, was sie brauchen«	Friedrich Fröbel (1782–1852), Pädagoge und Schüler von Pestalozzi; Erstmals Bezeichnung Kindergarten. Begründer der »Spielpädagogik«. Selbständiges, ganzheitliches Bildungs-Erziehungsverständnis – Wunsch, das freie Denken des Kindes zu unterstützen und zu fördern. Grundsatz aus dem Konzept: »Bei der Erziehung muss man etwas aus dem Menschen herausbringen und nicht hinein«

	Montessori Maria Montessori (1870–1952)	Freinet Cèlestin Freinet (1896–1966)	
Fördernde Kernelemente	Geistige Entwicklung des Kindes durch eigene Erfahrungen unterstützen, Sinne einzeln und bewusst durch spezifische Materialien herausfordern, erweitern. Vorbereitete Umgebung und sensible Phasen als Grundsäulen der Beschäftigung.	Freie Entfaltung von Persönlichkeit. Hohes Maß an Selbstverantwortlichkeit des Kindes. Spiel- und Lernmaterial jederzeit frei zugänglich. Ganzheitliches Lernen durch Förderung des kindlichen Wohlbefindens, sozial, kognitiv, emotional.	
Bezug Lernen	Vorbereitete Umgebung. Offener Zugang. Jedes Material nur einmalig vorhanden, damit Kinder lernen zu warten (Sozialverhalten Rücksichtnahme). Spielen, Forschen, Experimentieren. Sinnliche Wahrnehmung und Polarisation der Aufmerksamkeit, berücksichtigen. Hilfestellung, Probleme zu überwinden, statt diese zu umgehen.	Bezug zum Alltag; Spiel- und Lernmaterialien immer einen Bezug zum Leben. Ganzheitliches Lernen. Wichtig – Austausch mit Eltern, Entwicklung gemeinsam betrachten, reflektieren und gemeinsame Erziehung/Bildung optimieren.	
Weitere Eckpunkte	Fehler Selbstkontrolle, zur eigenen Überprüfbarkeit. Freie Wahl, Wiederholung und Stille durch Konzentration.	Vier Grundsätze: a) Freie Entfaltung der kindlichen Persönlichkeit. b) kritische Auseinandersetzung mit der Umwelt. c) Selbstverantwortlichkeit des Kindes. d) Teamarbeit und gegenseitige Verantwortlichkeit.	

Pädagogische Konzepte und Ansätze in der praktischen Arbeit 109

Reggio 1963 erste kommunale Kitas in Italien	Early Exzellent Center Ursprung 1983 Pen Green Center England	Fröbel Friedrich Fröbel (1782–1852)
Projektarbeit, Dokumentation und Ateliers prägen das Bild der Einrichtungen. Wichtigstes Element: Blick auf das Kind, durch den die pädagogische Arbeit beeinflusst bzw. gebildet wird.	Kinder erhalten Übungsfelder, in denen Alltagsgelegenheiten, Herausforderungen eigenständig zu meistern sind. Kontinuität und Sicherheit für Kinder, durch partnerschaftliche Zusammenarbeit von Eltern und Einrichtung.	Ganzheitliche Erziehung, Förderung geistiger, motorischer und sozialer Fähigkeiten. Lernen durch Nachahmung. Freies Spiel als besonderer Förderschwerpunkt.
Kinder hinterfragen, forschen, entdecken und überprüfen. Lernfreude soll gefördert und erhalten werden. Lernen als aktiver Prozess. Im Dialog Wissen selbst konstruieren. Intensive Wahrnehmung, Einlassen auf eigenes Handeln und reflektieren. Entscheidend ist der Prozess in dem Lernen/Aneignung geschieht. Analyse durch Beobachtung und Dokumentation.	Offenes Konzept, Vielfalt zum Entdecken und Agieren. Ganzheitliches Lernen. Gestaltete Lernsituationen individuell, am Kind orientiert, gestaltet. Situationsbücher, Entwicklungsordner von den Kindern als Gesprächsanlässe und Reflexionsmedien.	Kindern vielfältige Möglichkeiten bieten, etwas zu betrachten, es nachzuempfinden/nachzuahmen, neu gewonnene Erfahrungen erkennen und nutzen. Erfahrungen müssen erlebt werden, mit konkretem Handlungsvollzug. Verantwortung der Eltern als zentrales Element – elterliche Erziehung durch den Kindergarten ergänzen.
Prinzipien des Lernens: Motivation soll intrinsisch, statt von außen gelenkt sein; Nicht Darbieten, sondern Entdecken; Selbst versuchen, statt bloße Belehrung; Lernen vom Leben, statt Sachsystematik; Vielfalt an Lernmethoden, statt bloße Inhalte. Bildung durch ästhetische Prozesse. »Sprechende Wände«, als Form der Dokumentation.	Positiver Blick: Wertschätzung und Respekt. Stärken und Talente im Fokus. Beobachtung/Beachtung und Dokumentation zur individuellen Forderung/Förderung. Kontinuierliche Elternarbeit.	Drei Tätigkeitsbereiche: a) Spiel- und Beschäftigung im Zentrum. Spielen ist eine Lern- und Lebensform des Kindes. b) Bewegungsspiele, Laufen, Tanzen, Darstellung, Kreisspiele. c) Gartenarbeit – Umgang mit Pflanzen wird erlernt/Wachsen als Prozess nachempfinden.

	Montessori Maria Montessori (1870–1952)	Freinet Cèlestin Freinet (1896–1966)	
Begabungsfördernde Aspekte	Polarisierung der Aufmerksamkeit – tiefe Konzentration auf selbstgewählte Aufgaben, als Ausdruck hoher Konzentration. Bewusster Blick auf die Wechselwirkung des Kindes und seiner Umwelt. Lernbedürfnis des Kindes steht im Vordergrund.	Selbstverantwortlichkeit; freier Zugang zu Spiel- und Lernangeboten/Materialien; Begleiter*innen geben Zeit und Raum für Entwicklung. Entdeckendes Lernen, durch intrinsische Motivation gesteuert.	

Zusammenfassung

Unterschiedlichste Konzepte und Ansätze prägen das Bild in unseren Tageseinrichtungen. Alle beschreiben die Haltung und den besonderen Blick auf das Kind als eines der wichtigsten Elemente. Davon abgeleitet ergeben sich Handlungskonzepte, die die pädagogische Arbeit beeinflussen. In vielerlei Hinsicht prägen Reformpädagog*innen die pädagogische Arbeit, und deren schon früh gestellten Anforderungen haben noch heute einen hohen Stellenwert, insbesondere im Rahmen individueller Förderung. Richtig ein- und umgesetzt erlauben alle hier betrachteten Konzepte eine gute und am Kind orientierte Begleitung.

Montessori
Mehrwert Begabungsförderung:
Montessori orientiert sich grundlegend am Kind. »Hilf mir, es selbst zu tun« (vgl. Knauf/Düx/Schlüter, 2007, S. 38) gilt als Motto der Montessoripädagogik und unterstreicht einen Grundsatz der Pädagogik, dem Kind zur Selbständigkeit zu verhelfen. Kinder werden weniger geführt und angeleitet, sondern in ihrem natürlichen kindlichen Forschungs- und Entwicklungsdrang und dem selbstbestimmten Lernen unterstützt und begleitet. Günstige Aspekte der Montessori-Pädagogik, zur Integration einer begabungsfreundlichen Pädagogik sind: Die Mischform von beschleunigtem und angereichertem Lehren, die Wahlfreiheit der Beschäftigung/Freiarbeit, eine mit Bedacht vorbereitete Umgebung und das stufenübergreifende Lernen sowie die immanente Selbstkontrolle der Materialien.

Freinet
Mehrwert Begabungsförderung:
Freie Entfaltung von Persönlichkeit und ein hohes Maß an Selbstverantwortlichkeit des Kindes fördern das kindliche Tun. Spiel- und Lernmaterial sind jederzeit

Pädagogische Konzepte und Ansätze in der praktischen Arbeit

Reggio 1963 erste kommunale Kitas in Italien	Early Exzellent Center Ursprung 1983 Pen Green Center England	Fröbel Friedrich Fröbel (1782-1852)
Arbeiten in Projekten, Ausstattung am Kind und seinen Bedürfnissen orientiert. Vielfalt in den Ateliers. Lernfreude im Blick des Beobachters. Unterschiedlichste Materialien und Werkzeuge zur freien Nutzung.	Offenes Arbeiten, Selbstbestimmung der Kinder, freie Aktivitäten-Wahl. Blick auf Kompetenzen und Fähigkeiten. Intensive Elternarbeit. Stadtteilarbeit – Kooperation mit Expert*innen.	Ganzheitlicher Erziehungsansatz, Förderung der Selbständigkeit und des freien Denkens.

frei zugänglich, sollen Aufforderungscharakter haben und erlauben ganzheitliches Lernen. Kindliches Wohlbefinden, sowohl sozial, kognitiv als auch emotional, steht im Fokus. Ganzheitliches Lernen wird unterstützt und durch Fachkräfte begleitet, die in ihrem Tun von den Bedürfnissen des Kindes ausgehen. Seine pädagogische Ausrichtung orientiert sich an dem Leitmotiv »Dem Kind das Wort geben« (vgl. Knauf/Düx/Schlüter, 2007). Das pädagogische Konzept wurde auf die selbstständige und kooperative Lernarbeit jedes einzelnen Kindes ausgerichtet. Kontinuierlicher Austausch mit Eltern, um Entwicklung und die gemeinsame Erziehung/Bildung zu optimieren, ist begleitend gewünscht und fest verankert.

Reggio
Mehrwert Begabungsförderung:
»Zentral ist hier die Haltung zum Kind als forschendes Wesen, das unterschiedliche Sprachen und unterschiedlichste Zugänge nutzt, um sich mit der Welt auszutauschen, sich mit ihr auseinanderzusetzen und um sich selber auszudrücken« (vgl. Dreier, 1994).
Erziehungspartnerschaften haben hierbei einen hohen Stellenwert und Kindererziehung wird in der Reggio Pädagogik als gemeinschaftliche Aufgabe von Eltern, Erzieher*innen, Fachberater*innen und Mitbürger*innen verstanden, zu der jeder nach seinen Möglichkeiten beisteuert. Projektarbeit. Ein offenes Materialangebot und das gemeinsame Forschen bieten sehr gute Möglichkeiten, individuell zu fördern.

Early Excellence Centre (EEC)
Mehrwert Begabungsförderung:
Die systemische Betrachtung des gesamten kindlichen Umfeldes erlaubt eine gute Gestaltung von Förder- und Fordermöglichkeiten. Frei zugängliche Materia-

lien in einer anregenden Umgebung laden Kinder zum Erkunden und ausdauernd Tätig-Sein ein. Ein offenes Konzept bietet Vielfalt zum Entdecken und Agieren. Ganzheitliches Lernen orientiert sich an Stärken und Bedürfnissen. Familienhilfe, Elternbildung und weiterführende Angebote sind angebunden und können gute Ergänzungen und Hilfestellungen, auf kurzem Wege, bieten.

Fröbel
Mehrwert Begabungsförderung:
Gerade jüngere Kinder erhalten hier ein zugewandtes Umfeld, welches Ihnen erlaubt, ein eigenes Lerntempo zu finden und selbstgewählten Tätigkeiten nachzugehen. Das Spiel des Kindes ist von zentraler Bedeutung und lässt weiterführende Beobachtungen zu. Die Eigentätigkeit des Kindes steht im Zentrum der Wissensaneignung. Die Perspektive des Kindes, als sich selbst bildende*r Akteur*in, impliziert die Berücksichtigung der Bedürfnisse des Kindes.

Übungsaufgabe/Fragen zur Praxis
Betrachten Sie die Konzeption Ihrer Einrichtung:
- Sehen Sie die dargestellten Aspekte in der konkreten, praktischen Umsetzung? Ist Ihre praktische Tätigkeit dem Konzept angemessen umgesetzt?
- Spiegeln sich der »Blick auf das Kind« und andere Elemente in der Praxis wieder? Können Sie deutliche Ansätze erkennen?

Nachgefragt und weitergedacht
- Wie interpretieren Sie selbst Ihren »Blick auf das Kind« und die Haltung, die sie als Lernbegleiter*in einnehmen?
- Bietet das Konzept, nach dem Sie agieren, genug »Raum« des Entdeckens und Forschens?
- Haben Sie angemessene Bereiche, in denen das Kind selbst tätig werden kann und sind diese angemessen ausgestattet?
- Haben Sie und das Team Gelegenheit, Konzepte mitzugestalten und zu entwickeln?
- Entspricht die praktische Arbeit dem, was in der Konzeption festgelegt ist?

Kapitel 10 Kommunikation mit Eltern

 Wo liegen die Unterschiede zwischen Elterngespräch/Entwicklungsgespräch und professioneller Beratung? Welche Anliegen bringen Eltern mit in die Beratung? Welche Aspekte sollten berücksichtigt werden und welche Grenzen gilt es bei Gesprächen einzuhalten? Was ist hilfreich für die Gesprächsführung?

Genauso wie Hochbegabung manchmal Neuland für Erzieher*innen und Kindheitspädagog*innen ist, ist es das manchmal auch für Eltern. Manchmal sind sie verunsichert, machen sich Sorgen oder haben Angst, den Ansprüchen ihrer Kinder nicht gerecht zu werden. Oder die Situation ihrer Kinder spiegelt die eigene Vergangenheit mit je unterschiedlichen subjektiv positiven oder negativen Erfahrungen (vgl. Rosenboom, 2017, S. 7):

»Mein Sohn war beim Test. Die Psychologin sagt, er habe einen IQ von 137. Ist das viel?«

»Meine Tochter hat nur einen IQ von 128. Da muss ich mich doch nicht weiter mit Hochbegabung beschäftigen, oder?«

»Irgendwie sind doch alle Kinder begabt, also muss ich doch nichts Besonderes tun.«

»Naja, jetzt mag sie ja hochbegabt sein. Aber das verwächst sich doch.«

Fragen und Aussagen wie diese werden auch in Kindertageseinrichtungen gestellt. Sie sind immer Ausgangspunkt für eine intensive Kommunikation mit Eltern.

10.1 Anlässe zur Zusammenarbeit

Begegnungen mit Eltern finden in unterschiedlicher Form, zu verschiedenen Zeiten und Anlässen statt:

Bei der Anmeldung und Aufnahme des Kindes, an Elternabenden, bei Festen und Spielnachmittagen, gemeinsamen Arbeiten in verschiedenen Gremien, bei Vorträgen und Fortbildungen, ebenso bei unterschiedlichsten kulturellen Veranstaltungen, während der Elternstammtische, durch Bücherausstellungen, in kurzen Sequenzen in Tür-und-Angel-Gesprächen, beim Willkommen heißen und Verabschieden, genauso wie durch Elternbriefe, Aushänge und andere Informationsplattformen, die in Tageseinrichtungen zu finden sind.

Eine weitere Form finden wir in intensiveren, vorbereiteten Entwicklungsgesprächen.

10.2 Der veränderte Blick

Mit dem neuen Blick auf das Kind und dessen Bedürfnissen hat sich ebenfalls der Blick auf Eltern gewandelt. Heute betrachten pädagogische Fachkräfte Eltern als Erziehungspartner*innen, arbeiten familienergänzend und mit Eltern gemeinsam zum Wohle des Kindes. Eltern werden grundsätzlich als Expert*innen ihres Kindes betrachtet und stehen im Dialog mit den professionellen Begleiter*innen.

Mit Eltern ins Gespräch zu kommen, ihre Belange ernst zu nehmen, ihre Gefühle wahrzunehmen und zu respektieren, sich auszutauschen, stärkt das gute Miteinander und zeichnet gute Elternarbeit aus. Eine DIALOGISCHE GRUNDHALTUNG unterstützt gute Kommunikation.

10.3 Kommunikation konstruktiv gestalten

Konstruktive Kommunikationen mit Eltern, im Team und innerhalb der Öffentlichkeitsarbeit werden zunehmend in den Fokus genommen. Die Herausforderungen an eine professionelle Kommunikation sind gestiegen.

Eltern haben den berechtigten Anspruch, dass ihre Kinder professionell betreut und begleitet werden. Die Fähigkeit zur individuellen Betrachtung wird ebenso wie exzellente Gesprächsführung und Wissen zur Entwicklung des Kindes vorausgesetzt. Eine Atmosphäre des Willkommenseins und der Wertschätzung sollen Eltern Sicherheit vermitteln. Immer dann, wenn Fachkräfte sich gestärkt und sicher fühlen, gelingt es, mit Konflikten, Kritik und schwierigen

Situationen umzugehen. Kontinuierliche Fortbildung, gerade im Zuge der Kommunikation stärkt den Umgang und schult auch bei schwierigen Gesprächen und Situationen.

Das fordert von den Fachkräften einen erhöhten Anspruch an die eigenen Kompetenzen insbesondere in Bezug auf Gesprächsführung und Sachwissen. Für einen erfolgreichen Gesprächsverlauf sorgt nicht nur eine Atmosphäre in der sich die Eltern willkommen fühlen können und in der Ihnen Sicherheit vermittelt werden kann.

Von besonderer Bedeutung für einen befriedigenden Gesprächsverlauf ist nicht zuletzt auch das Gefühl von Sicherheit – auch in schwierigen und belastenden Gesprächen – und eine realistische Selbsteinschätzung der Fachkräfte. Dies zu erreichen, sollte durch kontinuierliche Fortbildung und Schulung zu den Themen Kommunikation und Gesprächsführung unterstützt werden.

10.4 Unterstützende Materialien im Elterngespräch

In der Kita oder Grundschule werden in regelmäßigen Abständen die Entwicklung, das Verhalten und z. B. soziale Fertigkeiten und Kompetenzen des Kindes beschrieben und dargelegt.

Hier unterstützen Beobachtungen aus dem Alltag, gefertigte Arbeiten der Kinder und die geführte Dokumentation das Gespräch. Bestimmte, wiederkehrende Beobachtungen füllen solch ein Gespräch inhaltlich. Nicht zwingend kommt es hierbei zu konkreten Fragen seitens der Eltern, die durch diese Dokumentationen unterstützt beantwortet und erörtert werden. Portfolios, Expertenhefte und Lerngeschichten haben in den letzten Jahren mehr Einzug in den Einrichtungen gehalten und dienen zur Beschreibung der individuellen Kompetenzen.

Kindertageseinrichtungen greifen auf individuelle, unterschiedliche Instrumente zurück, die zumeist innerhalb der Konzeption verankert sind. Ziel ist immer eine Einschätzung der Entwicklung von Kindern.

In der Schule ergänzen die Haus- und Klassenarbeiten die Beschreibung.

Integratives Begabungs- und Lernmodell nach Fischer (2014)

Eine interessante Gesprächsgrundlage bildet das *Integrative Begabungsmodell* von Fischer (2014, S. 36). Es ist ein Beispiel für das Verständnis von Begabungen. Wichtig in diesem Modell (→ Abb. 5) ist die Differenzierung zwischen Potenzial, den unterschiedlichen Begabungsformen und der Performanz, also der gezeigten Leistung in den unterschiedlichen Begabungsbereichen. Der Lern- und Entwicklungsprozess, der die Transformation von Potenzial zu Performanz markiert, ist sowohl bedingt durch Persönlichkeitsfaktoren als auch Einflüsse der Umwelt. Diese Einflussfaktoren können positiv, aber auch negativ für den Entwicklungsprozess sein (vgl. Bergs-Winkels, 2006).

Im Beratungskontext bietet das Modell vielfältige Möglichkeiten, mit Eltern ins Gespräch zu kommen und hilft, die eigenen Beobachtungen, sowohl der Erzieher*innen und Kindheitspädagog*innen als auch der Eltern, zu strukturieren. Das Modell eignet sich gut, um die Lebenswelt der Kinder abzubilden.

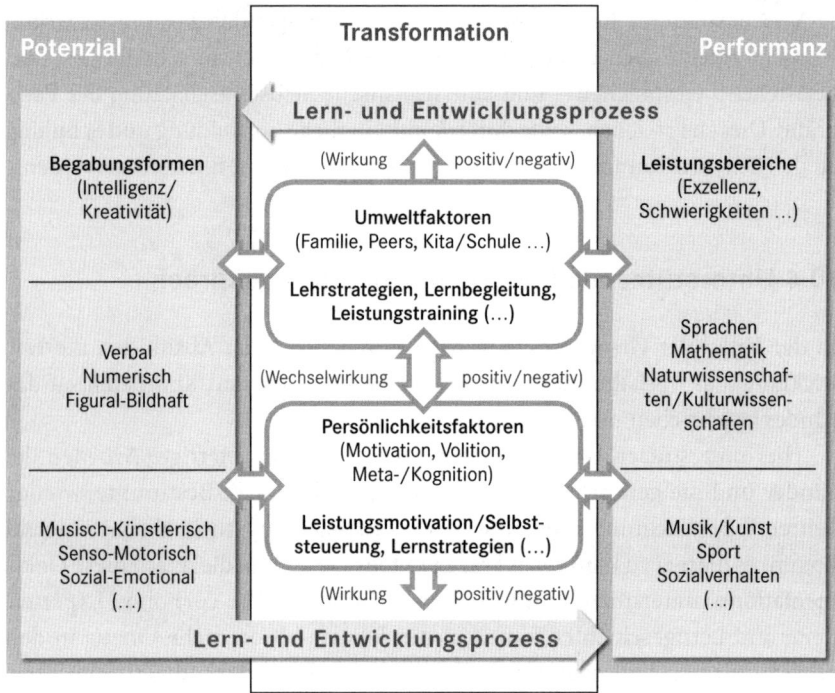

Abbildung 5: Integratives Begabungs- und Lernmodell (Fischer, 2014, S. 36)

10.5 Verlauf eines Entwicklungsgespräches am Beispiel Lois

Lois, vier Jahre und sechs Monate

Frau und Herr Ander, Eltern des gerade vierjährigen Lois, kommen zum Entwicklungsgespräch in die Kita.

Die für Lois zuständige Erzieherin begrüßt beide und nach kurzem Smalltalk steigt sie in die Thematik ein: »Gerne würde ich ihnen anhand unseres Dokumentationsbogens unseren Eindruck und Überlegungen zu Lois Entwicklung vermitteln und einzelne Bereiche besprechen.«

Die Erzieherin beschreibt folgend eine ihres Erachtens für Lois typische Lerngeschichte. Sie beginnt ihre Beobachtung mit einer Situation, die beschreibt, wie Lois am Maltisch versucht einen Kreis zu malen. Ein Foto zeigt das Kind am Tisch sitzend, mit Bleistift und Radiergummi, vor einem leeren Blatt Papier. Lois versucht wohl einen Kreis zu malen, setzt einige Male neu an, prüft kritisch das Bild und zerreißt es dann immer wieder. Er versucht es acht bis zehn Mal. Leider ohne Erfolg. Daraufhin bittet er eine andere Erzieherin um eine Schablone, erklärt ihr, dass er einen schönen Kreis malen möchte, was ihm ohne Hilfe nicht gelingen will. Die Erzieherin kommt seiner Bitte nicht nach. Sie begründet es mit der »Schablonenfreien Zone« und hält ihn an, es ruhig weiter zu versuchen. Lois probiert es erneut, springt dann jedoch wütend auf und tritt vor den Stuhl.

Die im Lerntagebuch dokumentierte Geschichte lautet wie folgt: »Lieber Lois, gerne versuchst du am Maltisch Formen und Farben zu benutzen und zu mischen. Du kennst alle Formen, alle Farben sehr genau und setzt sie naturgetreu ein. Manchmal bist du noch nicht sehr geduldig und ärgerst dich sehr, wenn dir etwas nicht gelingt. Nimm dir mehr Zeit, Dinge zu probieren – man muss nicht immer alles perfekt können. Deine Bilder sind sehr schön und farbenfroh ...«

Die Erzieherin definiert, dass es ein Lernziel für Lois sein kann, eine höhere Frustrationsgrenze zu erreichen, damit sein Perfektionismus ihm nicht so sehr im Wege steht. Sie erklärt den Eltern, dass andere Bereiche, wie z. B. seine Sprache, sein Wortschatz, sein mathematisches Verständnis sowie sein Interesse an Technik und auch an Buchstaben und Zahlen hoch sei, sie jedoch Bedenken habe, was sein Sozialverhalten angine.

Um dies den Eltern nochmal deutlich zu machen, beschreibt sie eine weitere Situation, in welcher sich Lois auffällig im Sozialverhalten zeige, die sich am Morgen ereignet hatte.

Lois und Max, beide gleich alt, spielten in der Bauecke mit Dinosauriern. Zunächst bauten die Jungen mit Belebungsmaterial eine Landschaft nach. Lois legte aus Papier (hier lobte die Erzieherin den Einfallsreichtum), welches er blau angemalt hatte, einen See, der dann mit Bäumen umrandet wurde. Lois bemängelte, dass die Bäume ja eigentlich zu klein seien: »... im Verhältnis zu den Dinos. Aber die Bausteine sind ja auch nicht so groß, wie die Felsen waren.« Die Jungen begannen später die Dinos aufzuteilen und Max wollte Lois von einer Spielidee überzeugen: »Dann wären wir wohl in den Wald gegangen und hätten wohl gejagt. Du mit dem Dino und ich mit dem hier. Wir wären wohl Dino-Freunde und würden wohl alles zusammen machen.«

Die Erzieherin konnte nun beobachten, wie Lois die Dinos in die Hand nahm, diese ausgiebig betrachtete und dann sprach: »Ich denke, das wird nicht gehen. Wir können keine Freunde sein und zusammen jagen können wir auch nicht ...«

Max sprang daraufhin auf, lief zur Erzieherin und beschwerte sich wüst, dass Lois blöd sei und nicht mit ihm spielen wolle: »Nie spielt der mit mir. Er sagt, dass das nicht geht und er das nicht will!«

Die Erzieherin versuchte zu schlichten, setzte sich zu Lois, der mit angewinkelten Beinen, den Kopf darauf gesenkt, immer noch vor der Dino-Landschaft saß. »Lois, warum willst du nicht mit Max spielen? Ihr habt doch so schön gebaut und die Landschaft ist so toll geworden.«

Lois schaute auf und sagte ganz traurig: »Ja aber so geht das doch nicht! So können die beiden Dinos gar nicht miteinander spielen. Ach! Ist ja auch egal!«

Daraufhin drehte Lois sich fort, fuhr mit dem Arm durch die gebaute Landschaft und warf es um.

In Folge »schmollte« Lois, verweigerte den Stuhlkreis und beschäftigte sich bis zum Abholen alleine.

Im Gesprächsverlauf bespricht die Erzieherin nun mit den Eltern Möglichkeiten, die Lois unterstützen sollten, den Kontakt zu den Kindern zu verbessern und seine Frustrationstoleranz zu begünstigen. Abgemacht wurden Spielsituationen, die begleitet werden sollen, Gesellschaftsspiele mit den Kindern und Erzieher*innen und kleinere Aufgaben, die sein Selbstbewusstsein stärken sollen, z. B. Tischdecken, kleinere Botengänge zur Leiterin, wie etwa Listen bringen oder holen. Hier soll er erfahren, dass er wichtige Aufgaben gut übernehmen kann. Auch soll er Unterstützung erfahren, Dinge nicht immer so »hundertprozentig« ernst zu nehmen, damit sein Perfektionismus ihn nicht noch ermutigt, zu oft zu petzen, weil andere Kinder die Dinge und Regeln noch nicht so genau nehmen.

Die Mutter meldet sich nun zu Wort: »Gleichwohl sie doch zugeben müssen, dass Lois in manchen Teilen Recht hat, oder? Wenn abgemacht ist, dass alle mit Hausschuhen durch die Gruppe laufen, stört es schon seine Ordnung, wenn sich nicht alle daran halten. Lois hat dann das Bedürfnis, das zu klären, und kann es nicht sein, dass er sich dann zu Recht bei ihnen beschwert?«

»Ja schon, aber die anderen Kinder fühlen sich dadurch gemaßregelt und empfinden das als unangenehme Petzerei. Vielleicht finden wir hier ja noch Kompromisse.«

Im weiteren Verlauf erkundigt sich die Erzieherin, wie Lois sich denn zu Hause verhält, ob er gerne in die Kita kommt und ob er zu Hause Freunde hat.

Der Vater beschreibt Lois so: »Zu Hause haben wir gar keine Probleme. Lois ist sehr interessiert an allem Technischen und fragt mir Löcher in den Bauch. Mit seinem älteren Cousin baut er an Lego-Technik und hört *Was ist Was-Geschichten*. Er beschäftigt sich gerne alleine, kommt aber immer mit fertigen Konstrukten und erklärt uns seine Erfindungen und Bauten.« Frau Müller ergänzt noch: »Lois liebt Geschichten und kann stundenlang zuhören. Seine beste Freundin aus der Nachbarschaft ist zwei Jahre älter und kommt fast täglich zum Spielen. Hier gibt es eigentlich nie Streit.«

Die Erzieherin kommt langsam zum Ende und leitet die Verabschiedung mit den Worten ein: »Zu Hause sind fast alle Kinder anders. Aber wir haben ja jetzt auch einige Ideen besprochen, wie es weitergehen wird und ich bin mir sicher, das wird schon alles gut werden. Lois ist ja ein sehr netter Junge und es ist ja noch Zeit, bevor er Vorschulkind wird ...«

Wie lassen sich das Setting und der Gesprächsverlauf in der Kita in diesem Beispiel beurteilen?

Positiv wirkten sich aus, dass ein kurzer, belangloser Smalltalk begonnen wurde, um Eltern ankommen zu lassen. Wasser und Gläser standen einladend auf dem runden Tisch, die Eltern wurden mit Handschlag und freundlicher Ansprache willkommen geheißen und die Erzieherin hatte sich gut auf das Gespräch vorbereitet. Bilder, Lerngeschichten, Fotos, kleine Kunstwerke von Lois und die Dokumentation lagen zugänglich und wurden zur Beschreibung genutzt.

Der Raum war störungsfrei und die Eltern wussten im Vorfeld, wie viel Zeit ihnen zur Verfügung stand. Situationen wurden beschrieben und Vorschläge unterbreitet. Die Erzieherin beschrieb Stärken und Kompetenzen des Kindes und benannte dazu Beispiele aus dem Alltag.

Dennoch gehen die Eltern mit einem unguten Gefühl aus diesem Gespräch und fühlen sich vielleicht sogar bestärkt in ihrer Meinung: »Unser Kind ist irgendwie anders.«

Eltern sind unter Umständen, wie im Falle von Lois, mit ihrer eigenen Wahrnehmung überfordert und trauen dieser dann nicht, wenn sie zu Hause, in gewohnter Umgebung und vertrautem Umfeld, ein gänzlich anderes Kind erleben.

Lois zeigt sich zu Hause wissbegierig, zufrieden und auch mit anderen Kindern sozial und umgänglich.

Die von der Erzieherin beschriebenen Situationen lassen sich aus Perspektive der Eltern nicht gut nachvollziehen und verunsichern. Lois ist das erste Kind der kleinen Familie und sie sind auf die Einschätzung der Erzieherin in gewisser Weise angewiesen. Diese hat in dem hier beschriebenen Fall das getan, was ihr richtig erschien. Den Fokus auf Lois Sozialverhalten gelegt. Die Kompetenzen und Stärken hat sie gut erkannt, jedoch leider nicht als eine mögliche hohe Begabung interpretiert. Die Erzieherin beschrieb, was sie aus ihrem Blick heraus gesehen hat. Durch erweiterte Kenntnisse zu einer möglichen Begabung, wäre das Gespräch vielleicht etwas anders verlaufen.

Unter dem hier beschriebenen Blickwinkel zeigt sich Lois Verhalten jedoch ganz anders, wie in dem noch folgenden Beratungsgespräch deutlich werden wird.

Aus ihrer Beunruhigung heraus suchen die Eltern folgend eine professionelle Beratungsstelle auf.

10.6 Weitere Beratungskontexte

Manchmal folgt dann die Hinzuziehung weiterer Personen, wie Psycholog*innen oder Ärzt*innen.

Die erste Kontaktaufnahme erfolgt hier wie in den meisten Fällen per Telefon. Dabei werden zunächst die persönlichen Daten erhoben, organisatorische Abläufe erläutert, die Fragestellung und der Auftrag der Eltern eingegrenzt, erste Anamnese erhoben und Terminvereinbarungen getroffen. Sinnvoll hat sich erwiesen, ein Kontaktformular zu diesem Zwecke zu erstellen und zuzusenden bzw. zu überreichen.

Diese Vorabinformationen werden dann in das stattfindende Gespräch eingebunden.

Die Beraterin nähert sich im Dialog der Problemstellung. Sie konkretisiert die Anliegen der Eltern und sucht gemeinsam mit ihnen nach möglichen Lösungen in dem Sinne, dass Beratung Hilfe zur Selbsthilfe sein soll.

»Frau Ander, sie sind zu mir gekommen, um eine Erklärung für das Verhalten ihres Sohnes im Kindergarten zu finden. Sie haben den Wunsch, Lois verstehen zu können.«

Nach der Bestätigung durch die Mutter wendet sich die Beraterin an den Vater. Seine Überlegungen zu der Problematik sind folgende: »Meine Idee ist ja, dass er einfach keine Lust hatte, mit dem anderen Kind zu spielen. Die Erzieherin sagt ja auch, dass er keine Freunde hat und immer nur den Besserwisser gibt. Es kann doch nicht sein, dass er nie mit den anderen spielen kann, weil er jede Spielidee abblockt. Die anderen wollen nicht mehr mit ihm spielen, immer verbessert er die Kinder und hat Einwände bei den Aktionen – das Klettergerüst ist zu hoch; Fangen spielt er nicht, weil man auf dem Sand ausrutschen kann; Kuchen backen im Sand geht auch nicht, weil der Sand Sand ist und kein Mehl …; Und die Geschichte mit den Dinos.«

Da die Eltern die Ursache im Verhalten ihres Sohnes suchen, versucht die Beraterin, nachdem die Eltern die Situation beschrieben haben, u. a. einen anderen Blickwinkel aufzuzeigen:

Dem Auftrag der Eltern folgend, nämlich die Hintergründe und Ursachen des unerwünschten Verhaltens ihres Sohnes im Kindergarten zu finden, kann die professionelle Beraterin jetzt einen neuen Blickwinkel aufzeigen: »Ich verstehe ihre Bedenken! Könnte es möglich sein, dass ihr Sohn jedoch aus einem anderen Grund diese Diskussionen begonnen hat?«

Die Mutter äußert: »Zu Hause ist er wirklich ein ganz anderes Kind. Sehr zugänglich, fröhlich und überaus neugierig. Wir haben eigentlich keine Probleme mit ihm. Letzte Woche hat er z. B. alle Dinosaurier in seinem Zimmer sortiert. Nach Art, Zeitepoche und Fundorten. Dafür hat er stundenlang mit seinem Cousin im Internet recherchiert, gemalt und gemeinsam haben sie Plakate erstellt. Er hat mir auch erzählt, dass in der Kita keiner versteht, dass Fleisch- und Pflanzenfresser nicht zusammenleben konnten, zudem sind die Figuren in der Kita aus gänzlich anderen Epochen. Deshalb hat er wohl auch versucht, dem anderen Kind zu erklären, dass sie so nicht spielen könnten. Er war eigentlich sehr traurig, dass ihn niemand verstanden hat, dabei hat er ausführlich erklären können, dass der Abelisaurus, welcher wohl aussieht wie ein Tyrannosaurus, aber eigentlich keiner ist, ein reiner Fleischfresser war, der andere Saurier ein Brachiosaurus, oder bei den Kindern auch ›Langhals‹ genannt, ein reiner Pflanzenfresser war.«

Diese Beschreibungen und Aussagen der Eltern erlauben, der mit begabten Kindern erfahrenen und ausgebildeten Beraterin, einen guten Einblick in die komplexe Situation. Sie lieferten Kriterien, nach denen sie die Eltern ausreichend informieren und beraten konnte.

Im Gespräch konnte dann schnell deutlich werden, weshalb Lois so reagierte, wie von der Erzieherin beschrieben.

Sein Wissen über die Dinosaurier machte es Lois schwer, sich auf das Spiel einzulassen. Tatsächlich hätte er gerne erklärt, wieso das nicht ging und sein Wissen mitgeteilt. Ähnlich verhielt es sich in der Situation am Maltisch. Lois hatte ein Gebilde im Sinn, welches er unbedingt malen wollte.

Dazu benötigte er einen, in seinem Sinne, perfekten Kreis. Ohne Schablone war ihm das jedoch nicht möglich. Zudem war ihm sein »Perfektionismus« hinderlich, die Dinge so auf das Papier zu bekommen, wie er es sich im Kopf vorgestellt hatte. Entgegen der Annahme der Erzieherin hat Lois sich sehr bemüht und es sehr häufig versucht. Bis er letztendlich hilflos und entmutigt aufgab und sich deprimiert zurückzog. Psychologisch eine nachvollziehbare, dem Auslöser entsprechende, emotionale Reaktionsfolge.

Die Fachfrau geht auf diese Situationen ein, erläutert die Fähigkeiten des Jungen und die damit verbundenen emotionalen, sozialen Komplikationen und oft beobachtbaren Probleme.

In der Beratung wird weiter deutlich, dass Lois jetzt schon erkannt hat, dass er »irgendwie anders« ist und viele der gleichaltrigen Kinder nicht seinen Ideen, Konstrukten, Gedanken folgen können.

Auch der immens große Wortschatz stört eher die Kommunikation, als das es in seiner Altersgruppe hilfreich wäre. Die meisten Kinder seiner Gruppe verstehen ihn schlicht und einfach nicht, da sie noch nicht das Wissen haben, über das Lois verfügt.

Lois zögert bei manchen Dingen, wie z. B. auf das Klettergerüst zu steigen, da er sich durchaus vorstellen kann, aus einer gewissen Höhe herunterzufallen. Die von ihm erkannten Gefahren blockieren ihn in seinem Tun. Diese und andere Situationen durchdenkt Lois bis zur Gänze und erst wenn er für sich deutlich hat, dass es ohne Gefahr funktioniert, lässt er sich ein.

Einmal diesen Pfad gedanklich verfolgt, beschrieben die Eltern vielfache, weitere Situationen, die nun unter anderen Blickwinkeln bedacht werden konnten. Offen im Gespräch konnten sie zögernd, jedoch zunehmend mehr die hohen Fertigkeiten des Kindes betrachten und wertschätzen.

Die Ängste der Eltern, Lois habe ein schlechtes Sozialverhalten, konnten revidiert werden. Die Beschreibungen der Mutter, wie Lois mit dem Nachbarskind und dem älteren Cousin umging, zeigten sogar deutlich, dass er sehr hohe Kompetenzen hat, viel Empathie zeigt und jederzeit zu Kompromissen bereit ist, die er im Dialog mit den älteren Kindern zeigt und bespricht. Scheinbar fehlt es in der Kita an Entwicklungsgleichen. An Kindern, die ihn verstehen und mit seinem Wissen anerkennen. Dies ist bei dem Cousin und seiner Freundin nicht der Fall.

Durch diese Erläuterungen konnte die Verunsicherung der Eltern und deren Sorge »alles falsch gemacht zu haben« und in der Erziehung »nicht gut genug zu sein« relativiert werden. Die Bestätigung, dass sie sich als die wirklichen »Expert*innen ihres Kindes« erwiesen haben, ermutigt und stärkt für die nächsten anstehenden Schritte.

Gemeinsam konnten nun Überlegungen angestrebt werden, mit der Kita ins Gespräch zu kommen, um weitere Förder- aber auch Fordermaßnahmen für Lois zu besprechen. Anregungen, wie dies in der Umsetzung aussehen kann, finden Sie in → Kap. 8.

Ebenso konnte gemeinsam mit den Eltern erörtert werden, weshalb und wann eventuell eine Testung gewünscht bzw. nötig wird. Eine genaue Formulierung, welche Fragestellung konkret damit verbunden ist, wurde herausgearbeitet und der Handlungsstrang dementsprechend abgestimmt.

10.7 Kernelemente professioneller Beratung

Um eine Beratungssituation aus professioneller Perspektive positiv zu nutzen, ist es notwendig, Definitionen und Kriterien von Beobachtung und Begabung sowie kommunikative Schlüsselkompetenzen, also Gesprächs- und Kommunikationsfertigkeit, präsent zu haben. Wort und Mimik sollten stimmig sein und Hemmschuhe und Stolperfallen bekannt sein (vgl. Pallasch/Kölln, 2009).

Folgende Kriterien machen deutlich, wie Beratung strukturiert ist:
- Die gesamte Persönlichkeitsentwicklung ist im Fokus zu halten.
- Beratung ist ressourcenorientiert und konstruktiv,
- setzt an den persönlichen Stärken des Individuums und dessen Systemen an. Beratung bietet ›Hilfe zur Selbsthilfe‹ und ist letztendlich auch das, was Ratsuchende daraus machen.

10.7.1 Kontaktaufnahme

Die Kontaktaufnahme erfolgt auf Basis von Freiwilligkeit.

»Es geht beispielsweise darum, am Telefon kompetent und vertrauenserweckend zu wirken, zu wissen, wie in der Anfangsphase Vertrauen aufgebaut sowie problembezogen systematisch und zielstrebig Informationen erhoben werden können.« (Elbing, 2000, S. 34)

- Der Ratsuchende muss sich auf die Verschwiegenheit des Beratenden verlassen können.
- Der Beratende ist sachkompetent und unparteilich.
- Fachwissen muss erkennbar werden.
- Es besteht ein beidseitiges Interesse an der Erarbeitung von Lösungen für das anstehende Problem.
- Der Prozess ist kooperativ, d.h. die persönlichen Stärken der Individuen und ihrer Systeme werden erkannt und genutzt.

Ebenso zeigt der*die Beratende ein hohes Maß an Akzeptanz des Gegenübers und seiner Standpunkte. Er*Sie verfügt über die Fähigkeit zu eigenen Positionen in Distanz zu gehen. Es gelingt »echt« zu bleiben und eigene Grenzen zu kennen und im Blick zu halten. Beratung zeigt ein sozio-kulturell und interkulturell sensibles Vorgehen. Stabiles Selbstbewusstsein und eine hohe Selbstreflexivität unterstützen und stärken im Umgang mit schwierigen Situationen (vgl. Pallasch/Kölln, 2009; Elbing, 2000).

10.7.2 Gesprächsgestaltung

Eltern Hochbegabter sind häufig verunsichert und bedürfen eines sensiblen Umgangs. Eltern berichten von Unverständnis, Unwissenheit und falschen Interpretationen. Verschwiegenheit und Unparteilichkeit des*der Ratgebenden werden von Ratsuchenden hoch bewertet.

Der Umgang mit Ängsten, Fragen zur Diagnostik, deutlich divergierende Beobachtung und Beschreibung der pädagogischen Fachkräfte lassen Eltern zuweilen verschweigen, dass sie ein begabtes Kind haben.

Innerhalb der Beratungssituation gibt es folgendes zu beachten. Eine gute Anfangssituation erleichtert eine fachgerechte und offene Beratung und ist für den weiteren Verlauf entscheidend. Zunehmend zeigen sich während der Beratung Situationen, die evtl. Auseinandersetzungen mit Erziehung, Werten und Kultur beinhalten. Hilfreich bleibt hier eine entspannte, zugewandte und emphatische Haltung. Mimik, Stimme und Haltung werden zu eigenen, nutzbaren Instrumenten.

Genaue Beobachtung kann weitere Auskunft zur Befindlichkeit und Stimmung des*der Ratsuchenden bieten:
- Hat der*die Ratsuchende Druck und deutlich etwas auf dem Herzen? »Sprudeln« Erlebnisse aus ihm heraus?
- Sendet der*die Ratsuchende nonverbale Zeichen? Anderer Tonfall, erhöhte Sprechgeschwindigkeit, …
- Sind die Äußerungen diffus oder widersprüchlich?
- Zeigt der*die Ratsuchende auch eine abwehrende Haltung, werden alle Vorschläge zurückgewiesen?

All diese Dinge vermitteln einen zusätzlichen Eindruck und sollten während der Beratung mitberücksichtigt werden. Immer wieder kommen Eltern, die im Vorfeld mit falschen Vorstellungen, Unwissenheit, Neid, Isolation, Fehlererwartung, fehlgeleitetem Anspruch an die Kinder, Ungerechtigkeit und Halbwissen konfrontiert wurden.

Nicht selten erleben Berater*innen Eltern, die durch die besondere Begabung ihrer Kinder mit ihrer eigenen Geschichte konfrontiert sind und zum ersten Mal in ihrem Leben eine Erklärung für ihr eigenes Verhalten entdecken. Eltern, die sich sehr wohl in die Lage ihres Kindes versetzen können und beginnen, ihre eigenen Erfahrungen zu verstehen.

Nur in einem wertschätzenden Dialog können solche Momente eingebaut werden und die Basis für deren Verarbeitung gelegt werden.

Und nicht zuletzt stellt gerade dies die Basis für eine erfolgreiche pädagogische Zusammenarbeit zum Wohl des Kindes und seiner Familie dar.

10.8 Besondere Fragestellungen von Eltern hochbegabter Kinder

Aus der vielfältigen Erfahrung mit Eltern hochbegabter Kinder (vgl. Elbing, 2000; Wittmann/Holling, 2001) lassen sich einige Kriterien zusammenfassen, die Eltern bewegen und beschäftigen.

> **Eltern haben u. a. Fragen und Handlungsbedarf zu folgenden Themen:**
> - Perfektionismus, Ausweichverhalten, Aufgabenverweigerung
> - Lernverweigerung
> - erhöhte Sensibilität
> - Aggression
> - Motivationsprobleme
> - Soziale Schwierigkeiten, Sozialverhalten
> - Introvertiertheit
> - Hartnäckigkeit
> - Selbstkontrolle
> - Empathie, hoher Gerechtigkeitssinn
> - Spielkameraden

Weiterer Bedarf ergibt sich u. a. durch Unsicherheit Aufgrund der Beobachtung: »Mein Kind ist offensichtlich anders«. Das Bedürfnis nach Klarheit, der vermutlich kindlichen Fähigkeiten, steht hierbei im Fokus. Niveau und Schwerpunkte des Kindes möchten erkannt und interpretiert werden. Eltern haben das Gefühl, nicht adäquat auf die Erziehung des Kindes vorbereitet zu sein und zeigen ein Bedürfnis nach Unterstützung. Ebenso groß ist das Bedürfnis nach Verständnis der eigenen Unsicherheit. Eltern sind auf der Suche nach Bestätigung der eigenen Meinung.

Überprüfen sie ihre eigene Haltung!
Gefühle und Bedürfnisse der beteiligten Gesprächspartner*innen beeinflussen die Gesprächssituation. Intellektuelle Faktoren, wie das Auffassungsvermögen, das Wissen und bereits gemachte Erfahrungen zum Thema, haben ebenfalls einen Einfluss. Persönliche Einstellungen, Werte, Gewohnheiten, Vorurteile sowie das Selbstkonzept der Eltern nehmen Einfluss und prägen das Verhalten. Ein jeder, der in der Beratung tätig ist, sollte sich und sein Handeln reflektieren und gegebenenfalls durch z. B. Supervision überprüfen, ob sein Tun angemessen ist (vgl. Zwicker-Pelzer, 2010; Lachnit/Becker, 2009; Simon, 2004; Wittmann/Holling, 2001).

Eigene Vorstellungen (das Vorwissen) können die Beobachtung und somit eine gute Beratung verfälschen. Wertung, Beobachtung und Beratung könnten sich vermischen und eine zu frühe Abstraktion führt zu einer zu frühen Wertung der beschriebenen Situationen. Eine andere Wahrnehmung der Dinge führt gegebenenfalls zu einer anderen Interpretation der Beschreibung, wie beispielsweise bei Lois und dem Spiel mit Dinos.

> **Zusammenfassung**
> Professionelle Beratung erfordert:
> - Fachwissen zu Entwicklungsprozessen im Kindesalter und deren Durchschnittswert-Abweichungen
> - Kenntnis über verschiedenste adäquate Fördermöglichkeiten
> - Techniken der Gesprächsführung
> - Regelmäßige Reflexion von Kommunikationsweisen
> - Interesse und Kompetenz in der Beziehungsgestaltung
> - Bewusstsein über die eigenen Grenzen und Fähigkeiten sowie Respekt für diese
> - Ggf. ein Netz weiterführender Hilfen (z. B. sozialpädiatrischer, psychologischer und psychotherapeutischer Ambulanzen, Psycholog*innen, ...)
>
> Ziel/e der Beratung sind:
> - Ressourcenorientierte Hilfe zur Selbsthilfe
> - Wiederherstellen von Selbstvertrauen und Selbstwirksamkeit

Nachgefragt und weitergedacht
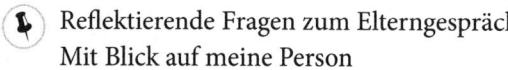 Reflektierende Fragen zum Elterngespräch
Mit Blick auf meine Person
- Wie habe ich mich vorbereitet?
- Habe ich mich mit Kolleg*innen ausgetauscht?
- Hatte ich ausreichend Materialien über das Kind?
- Verlief das Gespräch ungestört von außen und habe ich den Rahmen klar abgesteckt, war das Setting einladend gestaltet?
- Gab es »Stolpersteine« während des Gespräches?
- Habe ich auch die nonverbalen Botschaften meines Gegenübers wahrgenommen und mich selbst mit meinen Bedürfnissen und Stimmungen wahrgenommen?
- Habe ich Wertschätzung in Setting, Gestik, Mimik und Worten zum Ausdruck gebracht?

- Habe ich mich an Modellen der Kommunikation und Gesprächsführung orientiert?
- Habe ich über genügend Wissen verfügt zu den vorgetragenen Problemen?
- Habe ich meine Wissensgrenzen anerkannt und konnte trotzdem selbstsicher auftreten?
- Erkenne ich wiederkehrende Verhaltensmuster bei mir, die im Elternkontakt störend sind?
- Welche meiner eigenen Lebenserfahrungen stören mich im professionellen Kontakt und welche meiner Lebenserfahrungen könnten im Gespräch von Nutzen sein?
- Bin ich bei »meinen Leisten« geblieben oder habe ich der Versuchung unterlegen, »Diagnosen« zu stellen?
- Welche Ideale/Werte leiten mein Reden und Handeln?
- Was würde ich anders gestalten und auf was würde ich mich im nächsten Gespräch vielleicht beschränken?
- Was war gelungen und zufriedenstellend?

Mit Blick auf das Kind und dessen Eltern
- Kamen die Eltern freiwillig oder gedrängt?
- Habe ich auch das Anliegen der Eltern klar herausgearbeitet?
- Habe ich mich im Gespräch an den Bedürfnissen der Eltern orientiert?
- Was weiß ich über die Lebenssituation der Familie?
- Haben deren aktuelle Befindlichkeiten und Konflikte das Gespräch beeinflusst?
- Bin ich ausreichend und sensibel auf die Sorgen der Eltern eingegangen?
- Habe ich ihre Zufriedenheit bzw. Unzufriedenheit mit meinen Erläuterungen wahr- und ernst genommen?
- Haben sich Beobachtung und Bewertung vermischt und zu verfrühtem falschen Ergebnis geführt?
- Hatte ich das Kind, um das es ging, immer im Blick?
- Muss ich meine Wahrnehmung des kindlichen Verhaltens überdenken und meine Interpretation in Frage stellen?
- Sind konsequente, folgende Schritte und Ideen eingeflossen?

Kapitel 11 Übergang Kita/Schule

 Welche Gesichtspunkte gilt es vor der Einschulung zu betrachten? Wie lässt sich der Übergang positiv gestalten? Welche Dinge sollten berücksichtigt werden? Was spricht für und was gegen eine vorzeitige Einschulung?

Mit dem Übergang vom Kindergarten in die Grundschule erleben Kinder einen Meilenstein in ihrer Entwicklung. Aufregend, fremd und mit großer Spannung, ebenso mit Ängsten belegt ist dieser Wechsel in unserer Kultur. Kinder, die ihrer Entwicklung voraus sind, bedürfen unter Umständen eines anderen Szenarios in der Begleitung. Besonders bedacht werden sollten solche Umstände, wenn es zu einer früheren Einschulung kommt.

11.1 Vom Kindergartenkind zum Schulkind

Der Übergang vom Kindergartenkind zum Vorschulkind wird in aller Regel groß gefeiert. Angebote für Kinder, die im letzten Jahr der Kita stehen, sollen einstimmen und den Kindern vermitteln, dass die Kindergartenzeit vorübergeht. Oft hören Kinder, die vor der Einschulung stehen den Satz: »Jetzt beginnt der Ernst des Lebens.« Die damit verbundene »Ernsthaftigkeit« wird durch diesen Ausspruch in der Tat deutlich, weckt jedoch ebenso andere Gefühle.

Nicht selten verbunden sind hohe Erwartungen der Kinder. Schule wird, da sehr abstrakt, vor allem für die, die noch keine älteren Geschwister haben, mit unterschiedlichen Gefühlen belegt. Freude auf Neues auf der einen Seite und Ängste vor dem Unbekannten auf der anderen.

Da es nur einen bestimmten Tag im Jahr gibt, an dem Kinder den Einschulungstermin haben, werden zwangsläufig alle Kinder eines Jahrganges der vorgegebenen Regel entsprechend schulpflichtig. Berücksichtigt werden sollte – unabhängig von Kindern, die vielleicht früher eingeschult werden – dass zu Beginn nun Kinder in einem Verbund sind, die vielleicht noch nicht ganz sechs

Jahre alt sind, Kinder die schon sechs Jahre alt sind und auch Kinder, die fast sieben Jahre alt sind. Hier entsteht bereits eine grobe Mischung an Erfahrungen und Fähigkeiten. In der Entwicklung – sowohl kognitiv als auch körperlich – liegen unter Umständen schon Welten. Erziehung und Charakter sind in diesen Überlegungen noch nicht einmal eingebunden. Ebenso noch nicht bedacht sind die Mischungen, die im Zuge der Inklusion vonstattengehen.

Ein großes Aufgabenfeld für alle Beteiligten!

11.2 Veränderungen für Kinder und Eltern

Für alle Beteiligten bringt die Einschulung eine neue Situation mit sich.

Aus Sicht der Eltern geht es um Aufbruch, Veränderung und Anpassung an die neu entstandene Situation, die es zu bewältigen gilt. Viele Eltern haben ebenso Ängste wie die Kinder, verlassen sie mit dem Kindergarten doch in der Regel einen Bereich, der noch ein gewisses Maß an Sicherheit und Vertrautheit geboten hat.

Einblicke in die Arbeit und Strukturen waren bisher gewohnt, offen und transparent. Ein gewisses Maß an Kontrolle gegeben und durch die familienergänzenden Konzepte getragen.

Diese jahrelang gelebten Bedingungen verändern sich mit dem Schuleintritt.

Die Bezugs- und im Idealfall auch Vertrauensperson fällt nun weg und an Stelle der Vertrautheit machen sich auch Eltern auf in ungewisses Terrain.

Hausaufgaben, das Lernen lernen, Leistung und deren Beurteilung müssen nun einen Platz bekommen und stellen Eltern und Kinder vor Herausforderungen, die bewältigt werden müssen. Schule kann, wenn es nicht gut anläuft, zum Stressfaktor werden, der die häusliche Atmosphäre trübt und prägt. Das hat zwangsläufig Einfluss auf die Familie und somit natürlich auf die Kinder.

Die Einschulung, egal ob regelgemäß, oder früher als durch das Geburtsjahr bestimmt, wird zu einem großen Einschnitt.

Nicht nur der gesamte Tagesrhythmus des Kindes stellt sich um, das Umfeld, Systeme des Kindes, Freundschaften und Bezugspersonen sind plötzlich verändert.

Der Weg zur Schule, neue Strukturen und Regeln, Aufgaben, Pflichten, höhere Anforderungen und neue Lern- und Erfahrungsfelder gelten es zu bewältigen und in schöner Regelmäßigkeit in den Alltag zu integrieren. Kinder orientieren sich neu, schließen sich einem neuen System an und versuchen, den Platz darin zu finden. Das gelingt mal mehr und leider auch mal weniger gut. Noch nicht bedacht sind in dieser Aufzählung eventuelle Besonderheiten eines Kindes, wie etwa erhöhter Förder- oder Forderbedarf.

Diese Punkte – zusammen betrachtet – machen deutlich, unter welchem Druck Kinder schon zu Beginn ihrer Schullaufbahn stehen.

11.3 Schulreife, Schulfähigkeit und Schulbereitschaft

Zu den Anforderungen, die mit »Schulfähigkeit« im Allgemeinen verknüpft werden, gehören kognitive Leistungen, soziale Fähigkeiten, verbunden mit Kompetenzen der Arbeitshaltung und der Motivation. Hinzu kommen noch das körperliche Befinden, die körperliche Reife und der allgemeine Gesundheitszustand. Ebenso wird überprüft, ob ein Kind altersgemäß entwickelt ist (vgl. Krenz, 2009). Eine festgeschriebene, allgemein gültige Definition zur Schulfähigkeit gibt es nicht (vgl. Griebel/Niesel, 2013). Ebenso unterschiedlich wie Konzepte und Profile der Schulen sind, gestalten sich auch die Anforderungen und die Gestaltung der Schuleingangsphasen. Griebel und Niesel (2013) betonen auch noch mal, dass ein Kind erst durch konkrete Erfahrungen zum Schulkind wird und nicht mit Schuleintritt eines ist. Ob ein Kind nun diese Fähigkeiten mitbringt, liegt auch an den Beurteilungen durch Eltern und Erzieher*innen und Mediziner*innen.

Häufig werden Eltern, die sich mit den Gedanken zu einer vorzeitigen Einschulung befassen, mit Aussagen wie:»Ihr nehmt dem Kind die Kindheit. Lasst es doch noch spielen ... Der Druck kommt doch noch von allein ...«, konfrontiert.

Dem besonders begabten Kind wird selten »etwas genommen«. Eher hat das Kind den Wunsch, endlich was zu lernen. In der Vorstellung des begabten Kindes bietet die Schule ein Umfeld, in dem Zahlen, Buchstaben und Lerninhalte geboten werden und »Futter« für den Kopf geboten wird. Das Interesse an schulischem Lernstoff erwacht bei begabten Kindern früher. Anhaltendes Interesse an speziellen Themen, sicherer Umgang mit Zahlen, manchmal frühes Lesen und der Wunsch schreiben zu können, sind nicht grundsätzlich vorhanden, aber häufig schon früh ausgeprägt.

Relevante Aspekte, wie zuvor unter der Schulfähigkeit beschrieben, sollten ebenso in Überlegungen zur vorzeitigen Einschulung einfließen wie auch die emotionalen Fähigkeiten des Kindes. Motivation und Anstrengungsbereitschaft dürfen ebenfalls nicht außer Betracht gelassen werden. Ein weiterer, wichtiger Gesichtspunkt liegt in der Fähigkeit zur Selbststeuerung und dem Bedürfnis, sich lange genug mit einer Sache beschäftigen zu können. Liegen ein gewisser Reiz und eine Herausforderung in der Aufgabe, haben hochbegabte Kinder selten Schwierigkeiten dabeizubleiben. Konzentration und Aufmerksamkeit bleiben hoch. Es sollte jedoch auch zunehmend mehr gelingen, sich bei Routineaufgaben diesen zuzuwenden.

Einen weiteren, relevanten Hinweis, zum Gelingen einer vorzeitigen Einschulung, liefern das Selbstwertgefühl und das Selbstbewusstsein des Kindes.

Positiv betrachtet solle das Kind möglichst angstfrei und bewusst mit Situationen innerhalb des Klassenverbandes umgehen können und schon in großen

Teilen selbständig, abgelöst von der direkten Begleitung des Erwachsenen, agieren können. Gerade bei sehr jungen Kindern kann das zu einem Hemmschuh werden. Lerninteresse, Neugierde, Lernfreude und die Bereitschaft sich mit Neuem auseinanderzusetzen, unterstützen den frühen Einstieg.

Weitere Aspekte zugunsten vorzeitiger Einschulung sind in folgenden Punkten zu sehen (vgl. Koop/Schenker et al., 2010):
- Um einer Unterforderung entgegenzuwirken, sofern das Kindergartenangebot nicht mehr den Fähigkeiten und Interessen des begabten Kindes entgegenkommen kann, empfiehlt sich ein vorzeitiger Schulbesuch.
- Sobald ein Kind schon über Vorläuferfertigkeiten verfügt, die dem Stoff des ersten Grundschuljahres weitestgehend entsprechen, bewahrt eine frühe Einschulung eventuell davor, dass sich Kinder in der Anfangsphase langweilen und der Aufmerksamkeit entziehen.
- Frühes Einschulen *kann* möglicherweise davor bewahren, später eine Klasse zu überspringen, was wiederrum häufig das Eingewöhnen in eine schon bestehende Klassengemeinschaft, einen Sonderstatus und eine noch intensivere Begleitung mit sich bringt.

Vor allem muss die Schule bereit sein, die frühzeitige Einschulung an den Bedürfnissen der Kinder zu gestalten. Schulen, die grundsätzlichen Zweifel haben, oder gar das Konzept besonderer Begabungen in Frage stellen, eignen sich hier nicht.

11.4 Einschulungsbeispiele aus der Praxis

Albert, vier Jahre

Mit vier Jahren war Albert seinen Altersgenossen im Denken um ca. zwei Jahre voraus. Er schrieb erste Sätze, las Aushänge in der Kita und brillierte durch einen immens hohen Wortschatz. Hohes Detailwissen in unterschiedlichsten Themenbereichen, vor allem in naturalistischen Bereichen und Astronomie verblüffte sein Umfeld und der Zahlenraum bis Hundert wurde exzellent von ihm dargestellt. Kleinere Rechenoperationen wurden vollkommen korrekt ausgeführt und die Zehnerüberschreitung war schon lange kein Thema mehr.

Er schien sich in der Kita zunehmend zu langweilen, bekam jedoch immer wieder aufs Neue zusätzliche Materialien, Spiele und Angebote, die ihn Herausfordern konnten. Der Bezug zur Erzieherin war sehr groß und in der Gruppe der »Vorschulkinder« war Albert akzeptiert.

Auf Initiative der Eltern wurde Albert mit vier Jahren und knapp sechs Monaten vorzeitig eingeschult. Dem zuvor gab es gemeinsame Gespräche mit der Schulleitung. Eine Intelligenztestung, die kurz vorher durchgeführt wurde, konnte deutlich machen, dass Albert seinem Alter kognitiv zwei Jahre voraus war.

Die Erzieherin hatte bedenken, dass er den Schulalltag körperlich und emotional nicht bewältigen könne und sprach sich aus diesen Gründen gegen die frühe Einschulung aus.

Die Schulleitung versprach den Eltern, das Kind gut zu begleiten und für die Integration Sorge zu tragen. Leider hatte Albert die Schulrallye verpasst und war auch nicht mit den anderen Vorschulkindern im Probeunterricht gewesen, da die Entscheidung sich ein wenig in die Länge gezogen hatte und dann doch recht spontan umgesetzt wurde.

Albert freute sich auf das »Neue« und »dass ich endlich mehr lernen kann«. Zwei Monate nach der Einschulung besuchte Albert mit seiner Mutter, seine ehemalige Erzieherin, um wie versprochen, zu erzählen, wie es ihm ergangen war und ob es ihm in der Schule gefällt. Sofort begrüßte er die Kinder und begab sich in das Spiel. Die Mutter berichtete: Albert war freudig gestartet, doch schon am ersten Tag kam er mit nasser Hose aus der Klasse, war aggressiv und unglaublich müde. Er verweigerte der Mutter zu berichten, was vorgefallen war und zog sich zunächst zurück. Die Mutter begleitet ihn am nächsten Morgen und erkundigte sich bei der Lehrerin. Diese sprach von anfänglichen Schwierigkeiten, die ein so intelligentes Kind ja sicher bald in den Griff bekommen würde. Auf die Ängste der Mutter ging sie nicht ein und verblieb mit den Worten: »Na das wird sich schon geben. Da müssen Schulkinder halt durch.«

Die Tendenz änderte sich leider nicht, fast täglich hatte Albert eingenässt und schon nach einer Woche war die Mutter zum Gespräch bei der Rektorin.

Die Klassenlehrerin war ebenfalls anwesend. Wie sich herausstellte, war diese ganz und gar nicht begeistert, Albert in ihre Klasse zu nehmen und die Rektorin hatte es quasi über ihren Kopf hinweg entschieden. Die Lehrerin äußerte sich dann auch folgendermaßen: »Ich denke ja, dass wenn er so schlau ist, er das alles geregelt bekommen müsste. Gleichwohl ich von Anfang an vorausgesagt habe, dass er noch viel zu klein ist und noch nicht in die Schule gehört! Wie wir ja jetzt sehen, bewahrheitet sich meine Vorahnung.«

Im weiteren Gespräch wurde deutlich, dass Albert weder den Weg von der Klasse, über den Schulhof, zur Toilette gezeigt bekommen hatte, noch andere relevante Bezugspunkte in der Schule, wie Sekretariat, Hausmeisterposten und Lehrerzimmer. Die Lehrerin war zunächst davon ausgegangen, dass er dies während der Rallye erkunden konnte. Später vertrat sie allerdings die Meinung: »Das muss er doch wissen«. So verwundert es auch nicht, dass er zum Hausmeister geschickt wurde, das Milchgeld abzugeben und erst nach dreißig Minuten wieder auftauchte. Das Arbeitsblatt, welches er zur Strafe bearbeiten sollte, verweigerte Albert. Kommentar der Lehrerin: »Er hält sich eben nicht an

Regeln. Die Zusatzblätter, die er machen sollte, damit er gefordert ist, macht er auch nicht.«

Die Lehrerin setzte zum Teil Annahmen voraus, die schlichtweg falsch waren. Sie ging auch davon aus, dass Hochbegabte doch schon alles wissen und keine Anleitung brauchen, wie im Fall der Arbeitsblätter. Albert wusste einfach nicht, was er da bearbeiten sollte, was konkret die Aufgabe sein sollte. Angeleitet hätte Albert darlegen können, dass Begabte zwar nicht alles sofort wissen, jedoch in der Lage sind, es schnell zu erfassen und umzusetzen.

Am gravierendsten zeigte sich jedoch ihre SELBSTERFÜLLENDE PROPHEZEIUNG, dass Albert zu jung für die Schule sei. Letztendlich hat sie so sehr an die Vorhersage geglaubt, dass sie sich auch so verhalten hat, dass sie sich erfüllt. Albert bekam keine Unterstützung, da die Lehrerin fest davon überzeugt war, dass er es eh nicht schaffen kann.

Nötig gewesen wäre u. a. eine Lehrkraft, die sich von Beginn an bereit erklärt, den Übergang mit Albert zu gestalten, die ihm nötige Kenntnisse zum Umfeld beschafft und ihm Zuversicht bietet, dass er es schaffen kann. Verbunden mit Möglichkeiten, sein Wissen kund zu tun, hätte er einen guten Start bekommen und sich sicher leichter einbinden können. Hier hat die Rektorin die Aufgaben übergestülpt und auch die Lehrerin, die keine Ahnung zur Hochbegabtendomäne hatte, quasi im Regen stehen lassen.

Allein gelassen fühlte sich auch die Mutter. Mit der Angst um ihren Sohn und der Beobachtung, dass etwas ganz und gar nicht in Ordnung war, versuchten alle Beteiligten nach dem Gespräch irgendwie Lösungen zu finden. Albert zog sich jedoch immer mehr zurück. Daraufhin ließen sich die Eltern kurzfristig beraten und fällten die Entscheidung, eine neue Schule zu suchen, da das Vertrauen gänzlich abhandengekommen war.

Seit einer Woche war Albert nun auf einer anderen Schule und obwohl er in den schon gefundenen Klassenverband aufgenommen wurde, fühlte er sich wohl und ging gerne.

Die »neue« Lehrerin hatte sich direkt beim ersten Gespräch bereit erklärt, da ihr die Thematik wohl bekannt war. Noch bevor Albert in den Unterricht kam, wurden auch die Kinder informiert, dass ein neues Kind dazu kommt und persönlich mit Albert und zwei »Patenkindern« begab die Lehrerin sich auf eine große »Schulentdeckungsrunde«.

Albert zeigt gerne seine Fähigkeiten, beteiligt sich am Unterricht und hat schon einen Freund gefunden.

Viola, vier Jahre und sechs Monate

Aufgeweckt, unglaublich strukturiert und in sechs Monaten fünf Jahre alt. Viola beginnt zu lesen und erste Divisions-Aufgaben zu interpretieren: »Wenn ich hier zwölf Muggelsteine habe, kann ich die ja ganz oft an Kinder aufteilen. Drei Kinder bekommen immer vier Steine, vier Kinder immer drei. Wie witzig, dass das so geht. Nur wenn ich sieben Steine habe, bleibt immer irgendwie einer übrig.«

Viola liebt es, Dinge zu sortieren und alles an den richtigen Platz zu räumen. Sie ist sehr offen und geht auf alle Kinder zu.

Ihre Cousine ist im Sommer in die Schule gekommen und Viola beneidet sie sehr. Am liebsten wäre sie auch schon Vorschulkind. Zeitlich befinden wir uns kurz vor den Herbstferien und Viola beteuert täglich, dass ihr langweilig ist und sie viel lieber ein Schulkind wäre.

Nach einigen Gesprächen hatten die Eltern, die Erzieherinnen und die angesprochene Schulleitung dieselbe Idee. Wäre es vielleicht machbar, Viola noch quer einzuschulen und nicht bis zum Sommer zu warten?

Ein Telefonat der Rektorin mit dem Schulamt machte dies dann tatsächlich möglich. Schuleignungstest, Untersuchung beim Gesundheitsamt wurden durchgeführt und auch hier gab es keine Bedenken zur Schulfähigkeit.

Um für Viola den optimalen Übergang zu gestalten, gingen Eltern, Erzieherin, Schulleitung und zwei Lehrer ins Gespräch. Hinzugeholt wurde eine Pädagogin mit ECHA-Diplom, die beratend zur Seite stand.

Zunächst erhielt Viola den Auftrag, ein paar Tage in der Schule zu hospitieren, um den anderen Kindergartenkindern dann zu berichten, wie es dort zuging und was dort alles gemacht wurde.

Stolz brachte sie Arbeitsblätter mit und bearbeitete diese gewissenhaft. Nach fünf Tagen stand eigentlich fest, dass Viola in der Schule bleiben sollte und direkt nach den Herbstferien offiziell eingeschult werden würde.

Den Schulkindern war sie nicht mehr fremd und sie hatte im Vorfeld schon unter Beweis stellen können, dass sie den Anforderungen gewachsen war. Ganz selbstverständlich ging sie mit den Kindern alle relevanten Wege in der Schule ab und integrierte sich schnell in den Ablauf.

Selbst wenn Viola dem nicht gewachsen gewesen wäre, hätte sie ohne bloß gestellt zu werden, wieder in die Kita gehen können und ab und an in der Schule Besuchstage gehabt, um den Kita-Kindern aus der Schule zu berichten. Als kleiner Nebeneffekt konnte den anderen Kindern sogar ein Teil der Ängste und Fragen genommen werden.

Die Schultüte gab es natürlich auch noch, und dass Viola keine Einschulungsfeier hatte, kommentierte sie selber so: »Ach das ist gar nicht schlimm. Dafür feiern wir im Kindergarten Abschied und auch zu Hause gibt es ein Fest.«

So war es ideal verlaufen, dank der guten, offenen und im Sinne des Kindes stattgefundenen Kooperation aller Beteiligten.

11.5 Unterstützungen beim Übergang

Zum guten Gelingen können einige Variablen begünstigen, andere wiederum zu Situationen führen, die die gesamte Schulzeit prägen. Hier bedarf es der guten Betrachtung, ob alle Gegebenheiten eingeschätzt und bewertet wurden.

Zunächst geht es darum, Risiken im Blick zu halten. Wie für alle Kinder, bieten sich auch für Hochbegabte mit der Einschulung Chancen und Risiken.

Die Kinder begeben sich in wichtige Entwicklungsabschnitte und in unterschiedlichsten Ebenen finden große Veränderungen statt.

Soziale Beziehungen, Lebensumwelten, Identität und Tagesstruktur verändern sich maßgeblich (vgl. auch Steenbuck, 2010), sodass dieser Prozess möglichst sanft und gleitend geschehen sollte.

Diese Komplexität an Aufgaben, die das Kind zu bewältigen hat, sollte bewusst sein und individuell betrachtet und angegangen werden.

Möglichkeiten, die genutzt werden können, müssen mit den differenzierten Gegebenheiten an der Schule, im Kindergarten und dem häuslichen Umfeld abgestimmt sein.

Im Idealfall sind sich Eltern und der Kindergarten einig und ergänzen sich in den Einschätzungen. Es ist schnell erklärbar, dass Eltern ihr Kind zu Hause ganz anders betrachten und das Kind im häuslichen Umfeld andere Dinge zeigt als in der Kita. Andersherum können Erzieher*innen das Verhalten innerhalb einer Gruppe – in der Auseinandersetzung mit Kindern – das Lernverhalten im Verbund und mit Störungen besser beurteilen als Eltern zu Hause. Hier ist jedoch mehr Zeit und intensive Zuwendung möglich, sodass das Kind vielleicht mehr seiner kognitiven Fähigkeiten zeigt.

Besteht kein gemeinsamer Ansatz, ist es notwendig, mit allen die an dieser Entscheidung mitwirken, gemeinsam an »den runden Tisch« zu kommen. Eltern, Erzieher*innen, Schulleitung und infrage kommende Lehrer*innen sollten sich austauschen, ergänzen und für das Kind zu einer kollektiven Entscheidung finden.

Um die Schulfähigkeit final genau zu überprüfen, empfiehlt es sich, alle Möglichkeiten einzubinden – Dokumentation der Kita, Lerntagebücher, Portfolio und ähnliches. Schuluntersuchung, Schulbeobachtung und gegebenenfalls ein Einschulungstest ergänzen die Einschätzung. Letztendlich könnte an dieser Stelle auch eine Intelligenzmessung zur Entscheidung beitragen. Dies alles in Kombination schützt das Kind auch gegen eine Fehleinschätzung, die sich ansonsten negativ auf dessen Selbstwertgefühl/Selbstbewusstsein und die Motivation auswirken könnte. Der Druck, der durch zu hohe Erwartungen gestellt wird, wäre sicher nicht im Sinne einer guten Kindesentwicklung.

Bedingungen für einen guten Start lassen sich folgendermaßen beschreiben.

Durch den »runden Tisch« sollten alle Beteiligten involviert sein. Eine Schulfähigkeit sollte nicht in Frage gestellt sein. Wichtig ist einerseits die Bereitschaft der Schule und der infrage kommenden Lehrer*Innen. Ohne deren Unterstützung und Zustimmung wird es meist schwierig, das Kind gut zu integrieren. *Selbsterfüllende Prophezeiungen,* wie zuvor am Beispiel von Albert beschrieben, treffen unter Umständen zu und haben meist unkalkulierbare Folgen, die einer langen Aufarbeitung bedürfen. Die Bereitschaft und Motivation des Kindes andererseits muss ebenso gegeben sein, damit es gelingen kann. Es gibt leider keinen konkreten »Fahrplan«, der Hilfestellung und den absoluten Traumstart versprechen könnte. Eltern sind nicht umsonst Expert*innen ihres Kindes. Sie wissen in der Regel, was das Kind ermutigt und welche Besonderheiten des Kindes förderlich sein können – oder auch hemmend.

Bieten Sie Ideen, die die Feinmotorik zusätzlich spielerisch fördern. Hier sind Sie Profi, und gerade sehr junge Kinder haben hier häufig noch Bedarf, da ihnen ja in gewisser Weise noch Zeit fehlen könnte, diese zu stärken. Alles, was die Handmotorik stärkt und unterstützt, ist hilfreich.

Sprechen Sie mit den Kindern über Ängste, Fragen und Vermutungen, wie Schule sein könnte. Viele abstrakte Ideen lassen sich dabei sicher realisieren und auch neutralisieren – »der Ernst des Lebens« der ja bald beginnen soll, stellt sich dann sicher nicht mehr ganz so ernst dar.

Abläufe, die in der Schule alltäglich sind, sollten für alle künftigen Schulkinder bekannt gemacht werden. In einigen Schulen gibt es z. B. »Schuleinsteigerrallyes« – bevor die Kinder eingeschult werden, verbringen sie mit ausgewählten Patenkindern der in Frage kommenden Schule einen Vormittag in dieser. »Was, wer, wann und wo« wird innerhalb einer Rallye gemeinsam abgelaufen sowie durch Rätsel und Spiele erklärt.

Hospitationen, gerade für die früh einzuschulenden Kinder, können stattfinden und Einblicke für die Beteiligten bieten.

Möglich wäre auch, Schnuppertage als »Projekt« anzugehen. Hier könnte das Kind Schnuppertage in der Schule verbringen und den Kindergartenkindern dann berichten, wie der Unterricht, Lehrer*innen und Schule an sich ausschaut, funktioniert und sich darstellt. Hier haben alle die Möglichkeit, danach eine Entscheidung für oder gegen eine frühe Einschulung zu treffen.

Raten Sie Eltern zu mehr Gelassenheit. Unterstützen Sie, den eigenen Blick auf Schule und die Erwartungen zu hinterfragen. Manches Mal verklärt der

Blick auf die eigene Schulzeit oder Erkenntnisse aus zweiter Hand, von anderen Eltern, Verwandten etc., die objektive Betrachtung. Vielleicht gibt es auch Ängste, die unbewusst auf das Kind übertragen werden. Hier können Sie positiv Einfluss nehmen. Manchmal hilft es ja schon »darüber zu reden«.

11.6 Argumente gegen eine frühe Einschulung

Wissenschaftlich abgesicherte Standards stehen zur Unterstützung der Entscheidung, ob oder ob nicht früher eingeschult werden soll, leider noch nicht zur Verfügung. Als bedenklich haben sich geringes Durchhaltevermögen, motorische Unterschiede zu Gleichaltrigen und soziale Defizite gezeigt (vgl. Preckel/ Vock, 2013).

Sofern ein Kind sich wohl und geborgen fühlt, der Kindergarten gut auf die Bedürfnisse eingehen kann, besteht kaum ein Grund, über eine frühere Einschulung nachzudenken.

Ein paar weitere Gründe sollten wohl überdacht sein, damit es nicht zu einer Überforderung kommt. Ein Kind beispielsweise, welches noch regelmäßig einen Mittagsschlaf hält, dürfte im offenen Ganztag Probleme mit dem Durchhalten bekommen.

Fraglich kann es auch werden, sofern die Entwicklung zu asynchron verläuft – wenn Körper und Geist zu weit auseinanderdriften. Für das Kind kann es dann schwierig werden, wenn es zwar im Denken zwei Jahre voraus ist, über ein hohes Detailwissen verfügt und schon im hunderter Raum rechnen kann, jedoch körperlich nicht in der Lage ist, im Sportunterricht mitzuhalten, auf dem Schulhof nicht schnell genug mit Fangen spielen kann und den Tornister kaum alleine tragen kann.

Auch dieses Wissen und das Bewusstsein, sportliche Aktivitäten nicht so gut wie die anderen Schulkinder machen zu können, nimmt starken Einfluss auf die mentale Entwicklung. Hinzu kommen Interaktionen mit größeren und stärkeren Kindern. Hier gilt es, gut abzuwägen, was schlimmer sein wird – ein weiteres Jahr unterbrochene Langeweile oder der eventuell zusätzliche Frust in der Schule. Kinder müssen vor allem emotional stark genug sein, um auch Missgeschicke und Misserfolge aushalten zu können.

Zuletzt muss das Kind in die Entscheidung eingebunden werden – nicht die Entscheidung treffen, jedoch sein Für und Wieder angeben dürfen und auch mitteilen. Gegen den Willen des Kindes wird es nicht funktionieren.

Zusammenfassung

Zu den Bestimmungen, wann ein Kind eingeschult werden kann, gelten Bundesweit Regelungen, dass Kinder mindestens fünf Jahre alt sein sollen. Weiterführende Vorgaben sind leicht unterschiedlich, je nach Bundesland. Gerade in den vergangenen Jahren haben sich Erlässe geändert und auch rechtliche Festschreibungen wurden überarbeitet.

Dem Bundesland entsprechend und aktuell, erhalten Interessierte und Eltern Auskünfte bei den Ortsansässigen Schulen und dem zuständigen Schulamt. In NRW beispielsweise auch auf der Plattform des Schulministeriums, unter *www.schulministerium.nrw.de.* Dort finden Sie zahlreiche Hinweise zur Schuleingangsphase.

Es wird zwischen »Kann-Kindern« und »Muss-Kindern« unterschieden. Sofern Kinder zum Stichtag schon sechs Jahre alt sind, gelten sie als »Muss-Kind«. Sind sie jünger, gelten sie als »Kann-Kind«. Dem Wohnort zugehörige Grundschulen versenden automatisch Termine zur Vorstellung an Eltern der Muss-Kinder. Im anderen Fall müssen Eltern selbständig die Einschulung des Kindes aktivieren. Meist reicht ein formloser Antrag, ergänzt (je nach Bundesland) durch Beurteilungen der Schul- und Kinderärzt*innen. Manchmal auch durch Gutachten von Psycholog*innen (eventuelle Vorlage von Testergebnissen) erweitert. Letztendliche Entscheidung liegt dann i. d. R. bei der aufnehmenden Schule.

 Auf den Seiten des Bildungsservers gibt es zur Vertiefung, unter dem Begriff »Einschulung«, diverse Fachartikel rund um das Thema.

Vorzeitige Einschulungen müssen begleitet werden. Sensibel und kompetent, an der Entwicklung und Persönlichkeit des Kindes orientiert. Hier gilt nicht zwingend der Grundsatz: »Je früher, desto besser.« Für manch begabtes Kind ist ein Jahr mehr in der Kita die sinnvollere Entscheidung.

Es gibt, ebenso wenig wie es »das« hochbegabte Kind gibt, den »einen und besten« Weg, begabte Kinder optimal in der Schule zu fördern. Diese sollten gleichermaßen individuell begangen werden, wie die Persönlichkeitsentwicklung des Kindes unterschiedlich zu betrachten ist. Differenzierung und Individualisierung, im Sinne von Inklusion, wären hier wünschenswert.

Nachgefragt und weitergedacht
- Wie gestalten Sie Übergange für die Kinder?
- Werden Kinder begleitet und gestalten sich Übergänge möglichst sanft?
- Werden auch Eltern in gewisser Weise begleitet?
- Gibt es einen Austausch mit den Schulen?
- Bekommen Kindergartenkinder Gelegenheit, Schule kennenzulernen?
- Wissen Schulen, welche exzellente Vorarbeit Sie leisten und wie die Inhalte sind?
- Werden Dokumentationen genutzt, um Fähigkeiten des Kindes darzulegen?
- Wie definieren Sie im Team »Schulfähigkeit«?

Kapitel 12 Ein paar Fakten zum Schluss

Orientiert an Vorurteilen zum Thema besondere Begabungen, eine kurze grundlegende Zusammenfassung für den pädagogischen Alltag:
- Merkmalslisten eignen sich zur Beobachtung, liefern aber keinerlei Beweise zum definitiven Erkennen – es sind mögliche Hinweise.
- Kinder zeigen außergewöhnliche Leistungen und Entwicklungsvorsprünge, dies ist aber kein kausaler Beleg für eine Hochbegabung.
- Frühes Lesen, etwa vor der Einschulung, ist nicht gleichbedeutend mit Hochbegabung.
- Kinder mit besonderen Begabungen können in anderen (als den kognitiven) Bereichen einen ASYNCHRONEN ENTWICKLUNGSverlauf zeigen.
- Hochbegabte Kinder passen sich manchmal dem Niveau der Gruppe Gleichaltriger nach unten an – z. B. um nicht aufzufallen.
- Hochbegabung ist kein Garant für (vor-)schulische Glanzleistungen.
- Im gewohnten, familiären Umfeld zeigen begabte Kinder unter Umständen ein anderes Verhalten als in der Kita.
- Nicht jedes begabte Kind ist ein Problemkind.
- In den meisten Fällen sind hochbegabte Kinder sozial-emotional nicht weniger entwickelt. Häufig fehlt es an PEERS, um ihre Fähigkeiten angemessen zu zeigen.
- Hochbegabt zu sein ist nicht gleichbedeutend mit dem erbringen hoher Leistungen. (Hoch-)Begabung ist ein Potenzial zu hohen, ungewöhnlichen Leistungen.
- Eine Förderung der Gesamtpersönlichkeit sollte angestrebt sein, entscheidend sind hier nicht die IQ Zahlen in unterschiedlichen Bereichen.
- Begabte Kinder sind nicht das Produkt ehrgeiziger Eltern. Sie wollen aus eigenem Antrieb lernen und wissen.
- Unlust in die Einrichtung zu gehen, kann ein Resultat von Unterforderung sein.
- Hochbegabung ist keine Entschuldigung für schlechtes Benehmen.
- Begabte wissen nicht alles und sie benötigen wie alle Kinder Unterstützung.

- Sehr junge begabte Kinder sind und bleiben Kinder und brauchen Unterstützung im Werden und Sein.
- Begabungen setzen sich nicht von alleine durch. Auch sehr fähige Kinder brauchen Unterstützung und Begleitung, damit das Potenzial wachsen kann, damit Strategien erlernt werden, Kinder zufrieden sein können und glücklich heranwachsen.
- Werden Begabungen nicht gefördert, können sie verkümmern.

Zum Abschluss des Buches wollen wir noch einmal ein hochbegabtes Kind zu Wort kommen lassen, im Sinne einer kleinen Geschichte zur Motivation, den Weg gemeinsam zu beschreiten. Im Zuge der Niederschrift einer neuen Konzeption waren Kinder angehalten, ein Bild zu malen, welches sie mit dem Kindergarten verbinden. Albert, damals fünf Jahre alt, steuerte dieses Kunstwerk (→ Abb. 6) bei und kommentierte es folgendermaßen:

Abbildung 6: Formen-Käfer von Albert, 5 Jahre

Albert, fünf Jahre

»Wenn wir in die Kita kommen, sind wir alle noch kleine Krabbelkäfer, es dauert ein bisschen, bis man sich bewegt und herumkrabbelt, weil man ja erst mal wissen muss, wohin man krabbeln kann und darf. Genauso ist das mit dem Futter. Erst mal wird man gefüttert, dann sucht man sich langsam selber sein Futter, erst noch mit Hilfe, später weiß man selber ganz gut, was man essen kann und wo man es findet. Dann geht es noch weiter – ich weiß ja, du findest lila und rot nebeneinander nicht so toll, aber wenn du genau guckst, passt das dann doch irgendwie gut zueinander und mit allen anderen Farben sieht das richtig gut aus. Das ist so, wie mit den Kindern und Erwachsenen – alle sind ganz verschieden, erst wenn man alle zusammen sieht, merkt man, wie gut das alles zusammenpasst.

Die Formen, die in uns drin sind – ganz am Anfang schon, wenn wir geboren werden, sind zuerst noch ohne Farben. Wenn wir größer werden, werden die bunt und wenn wir viele Sachen lernen und entdecken, werden die Farben und Formen bunt. Irgendwann kommen die dann aus uns raus, groß und bunt. Dann ist wieder Platz für neue Formen und Farben.

Im Kindergarten suchen wir noch die Farben und die Erzieherinnen helfen uns beim Finden. Später dann entdecken wir sie alleine. Und guck doch! Alles passt super zusammen, obwohl es ganz unterschiedlich ist – wie wir hier. Deswegen macht es auch Spaß in den Kindergarten zu gehen, weil hier immer neue Sachen zu finden sind und ich alles ausprobieren darf, was mich interessiert und die Erzieherinnen immer da sind, wenn ich eine Frage habe und mir hilft, wenn ich was ausprobieren will [...]«

Danksagung

Wir möchten uns bei den Personen, die uns in der Produktion des Buches unterstützt haben, bedanken. Zunächst ein Dank, für die Möglichkeit das Buch zu schreiben, an den Verlag. Die kompetente Betreuung war immer hilfreich. Fürs kritische Hinterfragen der Struktur und das wohlwollende Zuhören danken wir Peter Winkels, Armin Schmitz und Hildegard Sona. Fürs Korrekturlesen geht ein Dank an Peter Winkels und Gabriele Jochums und für die Unterstützung bei Formatierungsfragen und bei der Erstellung der Literaturliste danken wir Julia Godemann. Und vor allem bedanken wir uns bei den Kindern, die wir begleiten konnten und deren Begabungen wir in diesem Buch sichtbarmachen durften.

 Glossar

AKZELERATION: Die Akzeleration ist gleichzusetzen mit Beschleunigung – schnelleres Durchlaufen von Lerninhalten und Unterrichtsstoff. Vorzeitige Einschulung gehört ebenso dazu wie das Verkürzen von Unterrichtseinheiten und ÜBERSPRINGEN VON KLASSEN. Fachbezogene Akzeleration beschreibt, wenn Schüler*innen in einem oder mehreren Fächern am Unterricht einer höheren Klasse im selben Fach teilnehmen. Jahrgangsübergreifende Klassen in Grundschulen und z. B. an Montessori- und Jena-Plan-Schulen. Individuelle Stunden- und Lernpläne ergänzen eine durchgeführte Akzeleration.

ASYNCHRONE ENTWICKLUNG: Diese Form der Entwicklung bei Hochbegabten beschreibt die Annahme, dass bei hochbegabten Kindern die Entwicklung im kognitiven Bereich schneller verläuft – im Gegensatz zur biologischen, psychomotorischen oder emotionalen Entwicklung.

BEGABUNG: Der Begriff Begabung beschreibt allgemein das leistungsbezogene Potenzial eines Menschen (siehe auch TALENT).

CHECKLISTEN: Sie dienen zum Erkennen von hochbegabten Kindern, beschreiben Merkmale, die zum Finden einer Hochbegabung beitragen sollen. Hierbei werden Merkmale aufgeführt, die Eltern, Erzieher*innen und Lehrer*innen bei der Annahme eine Hochbegabung unterstützen können. Hierbei handelt es sich in der Regel um Hinweise – die Merkmale einzeln betrachtet, sind keine Beweise.

DIALOGISCHE HALTUNG: Im Dialog geht es nicht darum, anderen Menschen etwas zu vermitteln oder beizubringen, sondern mit ihnen in Beziehung zu treten. Die dialogische Haltung betont den Respekt vor der Individualität jedes Einzelnen und damit eingebunden, vor unterschiedlichen, auch von der Norm abweichenden, Lebenswegen. Der Dialog kann als Grundform der menschlichen Verständigung betrachtet werden. Das Kind ist von Geburt an ein aktiver Partner in der dialogischen Interaktion und Dialoge können nur entstehen, wenn Erwachsene auch die Überzeugung haben, dass Kinder etwas zu sagen haben.

ECHA-Zertifikat: Zertifikat zum *Specialist in Pre-School Gifted Education*, berufsbegleitende Weiterbildung zur Fachkraft Begabungsförderung im Vorschulbereich. Weitere Informationen verfügbar unter: www.icbf.de.

Emotionale Intelligenz: Dieser Begriff beschreibt die Fähigkeit, eigene und fremde Gefühle wahrzunehmen, sie zu verstehen, einschätzen zu können und entsprechend handeln zu können. Weitreichend bekannt wurde der Begriff »Emotionale Intelligenz« durch das gleichnamige Buch des amerikanischen Journalisten und Psychologen David Goleman aus dem Jahr 1995.

Enrichment: Enrichment steht für An-/Bereicherung. Sozusagen eine Erweiterung/Anreicherung von Lerninhalten. Darunter zusammenfassen lässt sich z. B. auch, wenn Kinder schon früh Materialien nutzen dürfen, die nicht ihrer Altersgruppe entsprechen, und/oder Programme mit durchlaufen dürfen, die eigentlich für Ältere gedacht sind (»Vorschulprogramme«).

Extrinsisch: Von außen gesteuert – z. B. wenn Aussicht auf Belohnung das Handeln steuert.

Flow: Der Begriff bezeichnet die völlige Vertiefung und Konzentration während einer Tätigkeit. Das Dahinfließen, Davonströmen. Ein beglückender, erlebter, mentaler Zustand, während eines Tuns, welches fast wie von selbst stattfindet. Mihály Csikzentmihálvi, Professor der Psychologie, machte den Begriff populär.

Flynn-Effekt: Der Effekt, der beschreibt, dass jüngere Generationen bessere Leistungen als ältere Generationen erreichen. Für jede Generation nahm das durchschnittliche IQ-Testergebnis um zehn Punkte zu. Der Effekt wurde nach dem neuseeländischen Wissenschaftler James R. Flynn benannt, der dieses Phänomen 1984 erstmals beschrieb.

Gütekriterien Testverfahren – Objektivität, Validität und Reliabilität: *Objektivität* bezieht sich auf die Unabhängigkeit der Ergebnisse vom*von der Untersucher*in und Auswerter*in, die Übereinstimmung der Untersuchungsdurchführung und die Interpretation der Daten. Die *Validität* (Gültigkeit, Treffsicherheit) kennzeichnet die Exaktheit der Messung. (Vorliegen anderer Gütekriterien wie Reliabilität und Objektivität ist die notwendige Bedingung der Validität). Unter Reliabilität (Zuverlässigkeit, Messgenauigkeit) versteht man die Exaktheit der tatsächlichen Messung, unabhängig davon, was gemessen wird.

Hochbegabung: Der Begriff bezieht sich auf rein intellektuelle Fähigkeiten und beschreibt im Allgemeinen eine besonders hohe Intelligenz und eine damit verbundene überdurchschnittliche Denk- und Problemlösungsfähigkeit. In diesem Zusammenhang werden auch gute Lernfähigkeit, schnelle Auffassungsgabe und hohe Gedächtnisleistungen definiert. Die Einfaktor-Theorie (Gleichsetzung von Hochbegabung mit Intelligenz) wurde weitgehend aufgegeben. Heutzutage geht man von einem Mehr-Faktoren-Modell der Hochbegabung aus. Hochbegabung wird als eine Möglichkeit für herausragende Leistungen gesehen und bedeutet nicht die Hochleistung selber. Die meisten Studien orientieren sich bislang an der Definition, dass Hochbegabung eine weit über dem Durchschnitt liegende intellektuelle Begabung ist. Modernere Definitionen schließen ein, dass Hochbegabung nicht alleine auf Intelligenz zu beziehen ist, sondern in verschiedensten Bereichen auftreten (vgl. Gardners »Multiple Intelligenzen«). Hochbegabung definiert eine weit über dem Durchschnitt liegende intellektuelle Begabung eines Menschen. In unseren Ausführungen legen wir den Schwerpunkt auf das kognitive Potenzial. Zumeist beschrieben ab einem IQ von 130.

Somit sind rein statistisch betrachtet etwa 2–3 % der Kinder eines Jahrgangs intellektuell hochbegabt. Die Zahl der überdurchschnittlich intelligenten Kinder – also mit einem IQ-Wert zwischen 115 und 130 – liegt ungefähr bei 15 %.

Hochbegabte Kinder verfügen somit über ein Potenzial, um exzellente Leistungen erbringen zu können. Hiermit ist noch nicht festgelegt, diese auch automatisch zu erbringen. Abhängig davon sind das Umfeld, in dem Kinder aufwachsen und die jeweiligen Förderungsmöglichkeiten und deren Umsetzung (→ IQ).

HOCHBEGABUNGSMODELLE:

Unterschiedliche Definitionen, was nun letztendlich unter Hochbegabung und Begabung zu verstehen ist, beinhalten immer auch ein unterschiedliches Verständnis zu dieser Domäne. Weiterführend gibt es mittlerweile auch unzählige Interpretationen. In unserer Arbeit unterstützend, und als Ergänzung zu dem Modell von Fischer (→ Kap. 10), lassen sich erste Begrifflichkeiten gut an den Modellen von Renzulli und Mönks ableiten (vgl. Holling/Kanning, 1999).

Drei Ringe Modell nach Renzulli

Der amerikanische Wissenschaftler Josef Renzulli (*1936) erforscht seit den 1970er-Jahren Felder rund um Begabung und Enrichment. Das von ihm entwickelte »Drei-Ringe-Modell« beschreibt Begabung als eine »Schnittmenge« von drei Merkmalen, die Personen aufweisen (vgl. Holling/Kanning, 1999):
- Überdurchschnittliche Fähigkeiten – eingebunden sind hier hohe intellektuelle Fähigkeiten, ein hohes Niveau und Geschick im Denken, der Sprache und individuellen Bereichen.
- Kreativität – Phantasie und u. a. originelle Möglichkeiten, zu einer Lösung zu gelangen, werden hier ebenso wie Flexibilität und divergentes

Umgehen mit Problemstellungen und selbständige, individuelle Aktionen benannt.
- Aufgabenverpflichtung – später auch als Motivation benannt, schließt u. a. Ausdauer, eigenen Antrieb, Ehrgeiz, Aufgabenorientierung und den Willen, etwas zum Ende zu bringen, ein.

Abbildung 7: Das Drei-Ringe-Modell der Begabung von Renzulli (eigene Darstellung nach Preckel/Vock, 2013, S. 22)

Das triadische Interdependenz-Modell von Mönks

Das Modell des niederländischen Entwicklungspsychologen Franz Mönks (*1932) ist eine Weiterentwicklung des »Drei-Ringe-Modells«. Mönks betrachtet das soziale Umfeld als notwendige Umgebung, um Hochbegabung zu entwickeln. Hierbei spielen sowohl die Familie, die Freunde (Peers) als auch die Schule und der Kindergarten eine bedeutende Rolle (vgl. Mönks/Ypenburg, 2011).

Der Einfluss kann in Bezug auf die »drei Ringe« förderlich oder auch hemmend sein. Besteht eine gute Interaktion zwischen allen Komponenten, desto besser gelingt die Entwicklung der kindlichen Persönlichkeit.

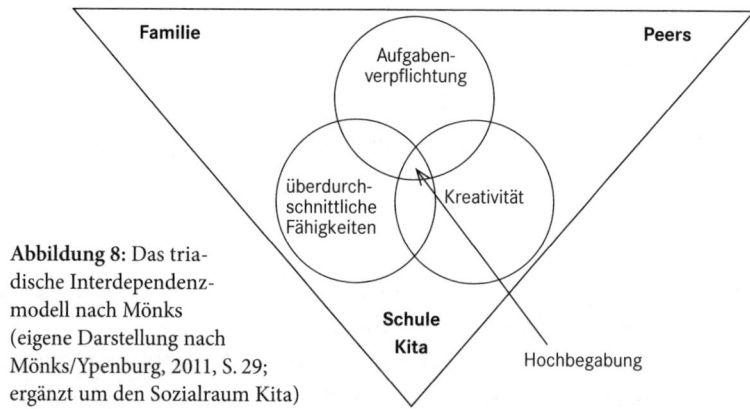

Abbildung 8: Das triadische Interdependenzmodell nach Mönks (eigene Darstellung nach Mönks/Ypenburg, 2011, S. 29; ergänzt um den Sozialraum Kita)

HETEROGENITÄT: Der Ursprung liegt im griechischen Adjektiv heterogenés, das sich aus den Wörtern heteros (= verschieden) und gennáo (= schaffen, erzeugen) zusammensetzt.

Heterogenität, in der Pädagogik verwendet, beschreibt die Verschiedenartigkeit von Kindern, hinsichtlich eines oder mehrerer Merkmale. Eine »heterogene Gruppe« betitelt demnach eine Gruppe von Kindern mit unterschiedlichen Eigenschaften und Fertigkeiten.

ICBF: Internationales Centrum zur Begabungsforschung in Münster.

INDIKATOREN: bezeichnen Standards, Anhaltspunkte, Merkmale oder auch Anzeichen für eine bestimmte Entwicklung, mit deren Hilfe man feststellen kann, inwieweit Ziele in der Praxis tatsächlich umgesetzt werden.

INDIVIDUALISIERUNG: Individuelle Interessen, Fähigkeiten und Themen der Kinder beobachten, wahrnehmen und entsprechend im pädagogischen Alltag integrieren.

INTELLIGENZ: Auch nach über 100 Jahren Forschung gibt es keine allgemein anerkannte Definition bzw. Intelligenztheorie. Allgemein kann Intelligenz als die Fähigkeit beschrieben werden, zu lernen, zu denken, zu urteilen oder zu verstehen bzw. neue Probleme effektiv und originell zu lösen. Intelligenz beinhaltet logisches, schlussfolgerndes und bewertendes Denken (auch konvergentes Denken genannt). Um diese Fähigkeiten zu messen, wurden vor hundert Jahren Intelligenztest entwickelt und die Grundlagen für moderne Intelligenztests gelegt, welche stetig weiterentwickelt wurden.

Dabei wird ein Maß für die Größe kognitiver Fähigkeiten (IQ-Wert) angelegt, das die individuelle Leistungsfähigkeit einer Person im Vergleich zum durchschnittlichen Entwicklungsstand von Gleichaltrigen angibt. Eine Definition von William Stern 1912: »Intelligenz ist die Fähigkeit des Individuums, sein Denken bewusst auf neue Forderungen einzustellen; sie ist die allgemeine geistige Anpassungsfähigkeit an neue Aufgaben und Bedingungen des Lebens.« (S. 3) In der Alltagssprache wird Intelligenz häufig als geistige Fähigkeiten, schnelles Denkvermögen, hohe Auffassungsgabe, Rationalität, besondere Logik und als gutes Urteilsvermögen beschrieben.

INTELLIGENZQUOTIENT/IQ: Der durchschnittliche IQ liegt bei 100 und 90– ca. 110 IQ-Punkten (siehe auch Intelligenz, → Abb. 9). Eine überdurchschnittliche Intelligenz liegt somit bereits im Bereich von 110/115 IQ-Punkten vor. Menschen in diesem Bereich können gut mit Norm-Strukturen in Schule und Berufsleben umgehen und ihre Fähigkeiten gelten als optimal, um im Leben erfolgreich sein zu können. Werte ab 120 und 129 zählen zum weit »überdurchschnittlichen« Begabungsbereich. Mit 130 IQ-Punkten wäre man im Hochbegabten-Bereich und ab ca. IQ 140 wird von Höchstbegabung gesprochen. Neuere Beobachtungen aus der Forschung weisen jedoch darauf hin, dass schon bei überdurchschnittlicher Intelligenz eine adäquate Begleitung stattfinden sollte, um optimal Fördern und Fordern zu können und Kindern damit eine bestmögliche Entwicklung zu ermöglichen.

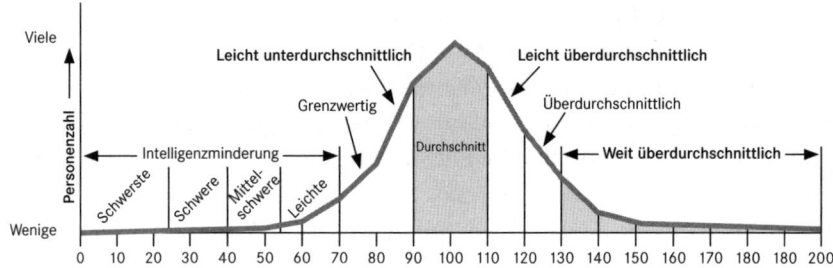

Abbildung 9: Intelligenzverteilung (Gerrig/Zimbardo, 2008, S. 336)

INTRINSISCH: Selbst motiviert; aus eigenem Antrieb heraus, ohne auf Belohnung von außen angewiesen zu sein.

KOGNITIV: Kognitive Fähigkeiten sind informationsverarbeitende Denk-Fähigkeiten wie z. B.: Erinnerungs- und Lernvermögen, Kreativität, Planungsfähigkeit, Lösungsverhalten.

KO-KONSTRUKTION: Ko-Konstruktion als methodisch-didaktischer Ansatz heißt, dass Lernen in Zusammenarbeit stattfindet. Heranwachsende lernen die Welt zu verstehen, indem sie sich mit anderen austauschen und gemeinsam Bedeutungen aushandeln (vgl. Fthenakis, 2009).

Beschrieben wird ein pädagogischer Ansatz, der bewusst eingesetzt wird, um Kinder beim Lernen zu unterstützen, Bedeutungen zu entdecken, auszudrücken und mit anderen zu teilen. Es entstehen lernende Gemeinschaften, in denen das eigene Verständnis und die Interpretation von Dingen miteinander diskutiert werden. Das Ziel von Ko-Konstruktion ist, dass Kinder lernen, wie man gemeinsam Probleme löst.

LEISTUNG/POTENZIAL: Begabung und Hochbegabung werden in den meisten, heute genutzten Theorien als Leistungsvoraussetzung bzw. als Leistungspotenzial definiert. Schon vor hundert Jahren betonte Stern (1871–1938) im Jahre 1916, dass Begabungen an sich immer nur Möglichkeiten für Leistung, unumgängliche Vorbedingungen bedeuteten, nicht aber die Leistung selbst. Begabung wird als Potenzial für Leistung betrachtet, also eine Disposition für Leistung an sich. Als Potenzial werden neben intellektuellen Fähigkeiten auch soziale, motorische, kreative, künstlerische oder musikalische Fähigkeiten beschrieben.

METAKOGNITION: Metakognition bezeichnet die Auseinandersetzung mit den eigenen Gedanken, Meinungen, Einstellungen, also das Denken über das eigene Denken bzw. das Wissen über das eigene Wissen. Die Bezeichnung ist abgeleitet vom griechischen *meta* (und kann sinngemäß mit »über« übersetzt werden) und Kognition, einer Sammelbezeichnung für alle geistigen Vorgänge und Inhalte, die mit Wahrnehmung und Erkennen zusammenhängen.

MINT: Unter dem Kürzel MINT werden die Bereiche Mathematik, Informatik, Naturwissenschaften und Technik zusammengefasst. Verschiedene Initiativen unterstützen pädagogische Fachkräfte in Kindergarten und Schule bei der Gestaltung sinnvoller Projekte, die helfen, das Wissen der Kinder zu diesen Themen zu schaffen und ein echtes Interesse dazu anzubahnen.

MOTIVATION: Motivation ist der Beweggrund für das Handeln oder die Bereitschaft, in einer konkreten Situation etwas mit einer bestimmten Intensität und Ausdauer zu tun. Man unterscheidet zwei Formen: intrinsische Motivation ist das Tun aus sich heraus, ohne durch Belohnung dazu animiert worden zu sein. Bei der extrinsischen Motivation wird eine Handlung ausgeführt oder unterlassen, da äußere Bedingungen und Belohnungen (oder auch Strafen) dies veranlassen.

NEUROWISSENSCHAFTEN UND BEGABUNG: Neurowissenschaften bezeichnen die Wissenschaften vom Aufbau und den Funktionen von Nervensystemen.

»Die Neurowissenschaften liefern interessante Befunde, was die Rolle und die Folgen von Stimulation und Übung angeht. Insgesamt gibt es bisher zwar eher wenige Untersuchungen mit Kindern und Jugendlichen und noch weniger, die sich explizit mit Hochbegabten befassen. Dennoch zeichnet sich ab, dass frühe Stimulation und Förderung für die Entwicklung bestimmter Fertigkeiten entscheidend ist. Im Bereich musikalischer Begabung zeigt sich zum Beispiel in verschiedenen Studien, dass sich die deutlichsten hirnstrukturellen Veränderungen durch Anleitung und Üben ergeben, wenn dies vor der Pubertät bzw. in einem Alter von unter sieben bis neun Jahren stattfand. Manche Forschende erklären dieses Phänomen so: Wenn sich unser Gehirn entwickelt, entsteht eine Unzahl an Verbindungen zwischen den Nervenzellen (sogenannte ›Synapsen‹). Beibehalten werden jedoch hauptsächlich diejenigen Verknüpfungen, die schon vor der Pubertät immer wieder aktiviert und genutzt wurden; Verbindungen, die in diesem Altersabschnitt nicht genutzt wurden, werden dagegen wieder abgebaut (sogenanntes pruning). Für die Entwicklung von Begabung ist auch die Plastizität des Gehirns wichtig, d. h. die Fähigkeit des Gehirns, sich immer wieder neuen Gegebenheiten anzupassen. Und genau diese Veränderbarkeit oder Plastizität weist enge Zusammenhänge mit dem Intelligenzniveau auf. Obwohl die Plastizität mit steigendem Alter abnimmt, bleibt sie grundsätzlich das ganze

Leben lang erhalten! Die häufige und intensive Nutzung bestimmter Hirnareale, also wiederum Übung und Training, sind somit sehr wichtig, um Begabungen zu entwickeln.« (Bundesministerium für Bildung und Forschung (BMBF), 2017, S. 27)

Partizipation: Der Begriff Partizipation wird übersetzt mit Beteiligung, Teilhabe, Teilnahme, Mitwirkung, Mitbestimmung, Mitsprache, Einbeziehung usw. Wenn von Partizipation von Kindern in Kindergärten die Rede ist, dann sind damit Möglichkeiten der Mitbestimmung im Kindergarten gemeint. Das kann zum Beispiel die gemeinsamen Regeln betreffen, das festzulegende Tagesprogramm oder die Raumumgestaltung. Anders beschrieben: »Den Kindern das Wort geben.« Zu den offenen Formen der Beteiligung zählen Kinderkonferenzen, Erzähl- und Morgenkreise und Kinderversammlungen. Repräsentative Beteiligungsformen sind der Kinderrat und das Kinderparlament.

Peers: Unter Peers werden Gruppen von Personen mit gleichem Status und/oder gleichem Alter beschrieben, die sich gegenseitig beeinflussen. Grob übersetzt auch Kinder, die auf »Augenhöhe« sind. In der Begabungsdomäne werden Kinder mit gleichen Interessen und Fähigkeiten beschrieben.

Proximale Zone: Zone der proximalen Entwicklung nach Wygotzki, beschreibt den Bereich zwischen dem gegenwärtigem Entwicklungsstand des Kindes und dem Entwicklungsstand, den es durch Unterstützung erreichen könnte. Der*Die »Entwicklungsbegleiter*in« baut quasi Brücken zwischen den vorhandenen Fähigkeiten des Kindes und den neuen, noch nicht ganz ausgereiften Fertigkeiten.

Selbsterfüllende Prophezeiung: Die selbsterfüllende Prophezeiung oder auch *self-fulfilling prophecy* ist eine Vorhersage, die über direkte oder indirekte Mechanismen ihre Erfüllung selbst bewirkt. Ein dabei wesentlicher Mechanismus ist, dass derjenige oder diejenigen, die an die Vorhersage glauben, sich so verhalten, dass sie sich erfüllt.

Spielgaben nach Fröbel: Die Spielgaben bestehen im Wesentlichen aus den Grundformen Kugel, Walze und Würfel. Die Formen werden dem kleinen Kind zunächst als ganze (unzerteilte) Formen zum Spielen gegeben (Ball und Bausteine) mit zunehmendem Alter in immer weiter zerteilter Form (kleinere Bausteine und Legeplättchen). Durch das Spielen mit den Spielgaben erschließt sich dem Kind die Welt und deren Gesetzmäßigkeiten.

Talent: Eine deutliche Abgrenzung des Begriffes ist schwerlich zu finden, da Talent, Begabung, Fähigkeit, in der Literatur und im Alltag häufig synonym verwendet werden. Unserem Verständnis kommt die Definition von Gagné (vgl. Holling/Kanning, 1999) am nächsten: »Talent ist eine herausragende, überdurchschnittliche Leistung, egal in welchem Aktivitätsbereich. Begabung hingegen ist eine überdurchschnittliche, natürliche Fähigkeit, in welcher Art auch immer sie sich entwickelt.« (S. 17)

UMWELT/UMFELD: Gemeint ist in diesem Kontext der Lebensraum, in dem sich Menschen entwickeln, in dem sie in ihrem Tun und Handeln beeinflusst werden und ein Kind agiert. Der Kulturkreis in dem sie heranwachsen und leben. Soziale Strukturen, die die Umwelt eines Kindes bestimmen, sind die Familie, die Beziehungen zwischen den Menschen, gesellschaftliche Institutionen wie Kita und Schule sowie die Gesellschaft mit ihren Werten und Lebensformen.

UNDERACHIEVEMENT: *Underachievement* wird in der Psychologie und Pädagogik als »erwartungswidrige Minderleistungen« beschrieben und bezieht sich auf eine (schulische) Minderleistung, die nicht durch einen Mangel an Begabung oder besondere Umstände erklärbar ist und sich unerwartet darstellt. *Underachievement* liegt immer dann vor, wenn die gezeigten Leistungen deutlich hinter den Möglichkeiten zurückbleiben, die nach der intellektuellen Fähigkeit zu erwarten wären, ohne dass dafür äußere Umstände verantwortlich gemacht werden können.

VERERBUNG VON HOCHBEGABUNG: Der Anteil von Vererbung liegt hier bei etwa 50–60 %. 40–50 % hängen von der Umwelt (Förderung, Familiensituation, Stress, Kita, Schule, Peers) ab. Je jünger der Mensch, desto abhängiger ist er von der Förderung durch das Umfeld. Mit zunehmendem Alter werden genetische Faktoren stabiler und prägnanter.

Abbildungen und Tabellen

Abbildung 1: Ergänzende Aufgabe innerhalb einer Testung von Daria, 5 Jahre. Frau Schmitz mit freundlicher Genehmigung der Eltern zur Verfügung gestellt. 42
Abbildung 2: Bild von Alessio 49
Abbildung 3: Kunstwerk von Hannah 63
Abbildung 4: Beobachtung in der Natur 86
Abbildung 5: Integratives Begabungs- und Lernmodell (Fischer, 2014, S. 36) 116
Abbildung 6: Formen-Käfer von Albert, 5 Jahre 141
Abbildung 7: Das Drei-Ringe-Modell der Begabung von Renzulli (eigene Darstellung nach Preckel/Vock, 2013, S. 22) 146
Abbildung 8: Das triadische Interdependenzmodell nach Mönks (eigene Darstellung nach Mönks/Ypenburg, 2011, S. 29; ergänzt um den Sozialraum Kita) 146
Abbildung 9: Intelligenzverteilung (Gerrig/Zimbardo, 2008, S. 336) 148

Tabelle 1: Intelligenzen in der Kita (eigene Darstellung) 37
Tabelle 2: Kreativitäts-Motivationszünder und -killer (eigene Darstellung nach Huser, 2001) 46
Tabelle 3: Übersicht hochbegabte Mädchen, hochbegabte Jungen (eigene Darstellung nach Wagner, 2002; Wiezerkowski et al., 2002; Stapf, 2010; Webb, 2015) 62
Tabelle 4: Gegenüberstellung der pädagogischen Ansätze (eigene Darstellung nach Dreier, 1993; Fthenakis/Textor, 2000; Knauf et al., 2007; Ebert, 2007; Kinderwelt GmbH, 2013; Ebert et al., 2017) 104

Literaturverzeichnis

Ahnert, L. (2010): Die Bedeutung von Peers für die frühe Sozialentwicklung des Kindes. In: Keller, H.: Handbuch der Kleinkindforschung. Bern, S. 493–528
Alvarez, C. (2010): Hochbegabung: Tipps für den Umgang mit fast normalen Kindern. München
Ansari, S. (2009): Schule des Staunens: Lernen und Forschen mit Kindern. Heidelberg
Aries, P. (1975): Geschichte der Kindheit. München
Barth, K. (1998): Schulfähig? Beurteilungskriterien für die Erzieherin. Freiburg im Breisgau
Bäuml-Roßnagl, M.-A. (1974): Zum entdeckenden Lernen im Sachunterricht der Grundschule. Mit praxisbezogenen Hinweisen zu einem Thema aus dem biologischen Fachbereich. In: Blätter für Lehrerfortbildung, Vol. 26, S. 135–138. Verfügbar unter: https://epub.ub.uni-muenchen.de/2965/1/Entdeckendes_Lernen_Sachunterricht_2965.pdf (31.01.2018)
Beek, A. von der/Schäfer, G. E. (2013): Didaktik in der frühen Kindheit. Von Reggio lernen und weiterdenken. Weimar
Beller, K. (2004): Kuno Bellers Entwicklungstabelle. Berlin
Beller, S. (2016.): Kuno Bellers Entwicklungstabelle 0–9, Forschung und Forschung in der Kleinkindpädagogik. Berlin
Bensel, J. (2007): Psychologie für Erzieherinnen und Erzieher. Grundlagen für die Praxis. Berlin
Benz, C./Peter-Koop, A./Grüßing, M. (2015): Frühe mathematische Bildung: Mathematiklernen der Drei- bis Achtjährigen. Berlin
Berger, M. (2008): Der Baum der Erkenntnis für Kinder und Jugendliche im Alter von 1–16 Jahren. Bremen
Bergs-Winkels, D. (2006): Förderung in der frühen Kindheit im Rahmen der Bildungsarbeit von Tageseinrichtungen. In: Journal für Begabtenförderung, 2. Innsbruck, S. 7–11
Bergs-Winkels, D. (2010): Pädagogik frühkindlicher Bildungsprozesse und ihre Bedeutung für die Praxis sowie für Aus- und Fortbildung. In: Geiger, G./Spindler, A. (Hg.): Frühkindliche Bildung. Von der Notwendigkeit frühkindliche Bildung zum Thema zu machen. Opplden, S. 17–27
Bergs-Winkels, D. (2012): Die Situation von Mädchen im Kindergarten. In: Stöger, H./Ziegler, A./Heilemann, M.: Mädchen und Frauen. In: MINT: Bedingungen von Geschlechtsunterschieden und Interventionsmöglichkeiten. Berlin, S. 41–59
Bergs-Winkels, D./Schneewind, J. (2010): Spiel. In: Jordan, S./Schlüter, M. (Hg.): Lexikon Pädagogik. Hundert Grundbegriffe. Stuttgart, S. 277–278
Bergs-Winkels, D., Ulber, D. (2017): Kindheit. In: Wonneberger, A./Weidtmann, K./Stelzig-Willutzki, S. (Hg.) (2018): Familienwissenschaft. Grundlagen und Überblick, Familienforschung. Wiesbaden, S. 545–567
Berk, L. E. (2005): Entwicklungspsychologie. Bonn
Berk, L. E./Schönpflug, U./Petersen, K./Aralikalti, E. (2004): Entwicklungspsychologie. München
Berk, L. E./Schönpflug, U./Petersen, K./Aralikalti, E. (2008): Entwicklungspsychologie. München
Berk, L. E./Aralikatti, E. (2011): Entwicklungspsychologie. München

Bertram, H. (2013): Zeit – Geld – Infrastruktur: Was braucht eine nachhaltige Familienpolitik. Verfügbar unter: https://www.researchgate.net/profile/Hans_Bertram/publication/260147606_Zeit-Geld-Infrastruktur (31.01.2018)

Beschluss der Jugendministerkonferenz vom 13./14.05.2004 – Beschluss der Kultusministerkonferenz vom 03./04.06.2004, Gemeinsamer Rahmen der Länder für die frühe Bildung in Kindertageseinrichtungen Jugendministerkonferenz/Kultusministerkonferenz. Verfügbar unter: http://www.kmk.org/fileadmin/Dateien/veroeffentlichungen_beschluesse/2004/2004_06_04-Fruehe-Bildung-Kitas.pdf (31.01.2018) UND Getroffene Vereinbarungen, die von der Jugendministerkonferenz am 13./14.05.2004 beziehungsweise von der Kultusministerkonferenz am 03./04.06.2004 beschlossen wurden. Verfügbar unter: https://www.schleswig-holstein.de/DE/Fachinhalte/K/kindertageseinrichtungen/gemeinsamer_rahmen_laender_2004.html (28.01.2018)

Beschluss der Kultusministerkonferenz vom 16.09.2010, Beschluss der Jugend- und Familienministerkonferenz vom 14.12.2010. Weiterentwicklung der Aus-, Fort- und Weiterbildung von Erzieherinnen und Erziehern – Gemeinsamer Orientierungsrahmen Bildung und Erziehung in der Kindheit. Verfügbar unter: http://www.kmk.org/fileadmin/veroeffentlichungen_beschluesse/2010/2010_09_16-Ausbildung-Erzieher-KMK-JFMK.pdf (31.01.2018)

Birkenbihl, V. F. (2002): Kommunikationstraining. Zwischenmenschliche Beziehungen erfolgreich gestalten. München

Bortz, J./Döring, N. (2015): Forschungsmethoden und Evaluation für Human- und Sozialwissenschaftler. Berlin

Bos, W./Bonsen, M./Baumert, J./Prenzel, M./Selter, Ch./Walther, G. (Hg.) (2008): TIMMS 2007. Mathematische und naturwissenschaftliche Kompetenzen von Grundschulkindern in Deutschland im internationalen Vergleich. Verfügbar unter: http://www.phil-fak.uni-duesseldorf.de/fileadmin/Redaktion/Institute/Erziehungswissenschaften/Abteilungen/Bildungsforschung/Lehrveranstaltungen/2009_WS/VL__Sozialwissenschaftliche_BF/TIMSS_2007_Pressemappe_01.pdf (31.01.2018)

Bos, W./Lankes, E.-M./Prenzel, M./Schwippert, K./Walther, G./Valtin, R. (Hg.) (2003): Erste Ergebnisse aus IGLU. Schülerleistungen am Ende der vierten Jahrgangsstufe im internationalen Vergleich. Verfügbar unter: http://www.kmk.org/fileadmin/Dateien/pdf/PresseUndAktuelles/2003/iglu_kurz-end.pdf (31.01.2018)

Brackmann, A. (2007): Jenseits der Norm – hochbegabt und hoch sensibel? Die seelischen und sozialen Aspekte der Hochbegabung bei Kindern und Erwachsenen. Stuttgart

Brockhaus Online-Enzyklopädie (2016): Kind. Verfügbar unter: https://brockhaus.de/enzyklopaedie/kind (2.2.2018)

Brunner, I./Rottensteiner, E. (Eds.) (2014): Mit multiplen Intelligenzen Begabungen fördern und Kompetenzen entwickeln: Praxisbeispiele für erfolgreiches Unterrichten in der Grundschule und der Sekundarstufe 1. Baltmannsweiler

Bründel, H./Hurrelmann, K. (2003): Einführung in die Kindheitsforschung. Weinheim

Bundesministerium für Bildung und Forschung – Referat Übergreifende Fragen der Nachwuchsförderung, Begabtenförderung (2017): Begabte Kinder finden und fördern. Ein Wegweiser für Eltern, Erzieher, Lehrer. Verfügbar unter: https://www.bmbf.de/pub/Begabte_Kinder_finden_und_foerdern_2017.pdf (31.01.2018)

Bundesministerium für Familie, Senioren, Frauen und Jugend Referat Öffentlichkeitsarbeit: Übereinkommen über die Rechte des Kindes- VN-Kinderrechtskonventionen im Wortlaut und Materialien (2014). Verfügbar unter: https://www.bmfsfj.de/blob/93140/8c9831a3ff3ebf49a0d0fb42a8efd001/uebereinkommen-ueber-die-rechte-des-kindes-data.pdf (31.01.2018)

Carr, M./Lee, W. (2012): Learning stories. Constructing learner identities in early education. London

Castagnetti, M./Vecchi, V./Reggio Children Srl (Eds.) (2002): Schuh und Meter. Wie Kinder im Kindergarten lernen. Weinheim

Csikszentmihalyi, M. (2010): Das Flow-Erlebnis. Jenseits von Angst und Langeweile: Im Tun aufgehen. Stuttgart

Daum, J. (2014): Das Wohl des Kindes in der Krippe im Spannungsfeld von Chancen und Risiken. https://www.kita-fachtexte.de/uploads/media/KiTaFT_Daum_2014.pdf (31.01.2018)

Deutsche Kinder- und Jungendstiftung: Kinder entdecken die Welt – Forschendes Lernen in Lernwerkstätten von Kitas und Grundschulen. Verfügbar unter: https://www.dkjs.de/fileadmin/Redaktion/user_upload/Broschuere_Kinder_entdecken_die_Welt.pdf (31.01.2018)

Deutscher Bildungsserver: Bildungspläne der Bundesländer für die frühe Bildung in Kindertageseinrichtungen. Verfügbar unter: http://www.bildungsserver.de/Bildungsplaene-der-Bundeslaender-fuer-die-fruehe-Bildung-in-Kindertageseinrichtungen-2027.html (31.01.2018)

Dieball, W./Keim, W. (2002): Gerhard Schröder. Körpersprache Wahrheit oder Lüge? Bonn

Dieken, C. van/AWO (2004): »Weltenentdecker«: Lernwerkstätten und Forscherräume in Kindertageseinrichtungen. Neue Lernwege für Kinder. Kiel

Die Leuvener Engagiertheits-Skala für Kinder LES-K (2007): Arbeitsbuch zur Leuvener Engagiertheits-Skala. Berufskolleg Erkelenz, Fachschule für Sozialpädagogik.

Dreier, A. (1994): Was tut der Wind, wenn er nicht weht? Begegnung mit der Kleinkindpädagogik in Reggio Emilia. Neuwied

Dusolt, H. (2008): Elternarbeit als Erziehungspartnerschaft. Ein Leitfaden für den Vor- und Grundschulbereich. Weinheim

Ebert, S. (2007): Ein bisschen hexen können wär' nicht schlecht ... – Erwartungen und Anforderungen an die berufliche Handlungskompetenz von ErzieherInnen. In: kindergarten heute, 37, S. 6–13

Ebert, S./Pütz, T./Brockschnieder, F.-J./Kobelt Neuhaus, D./Remsperger, R./Compani, M.-L./Laewen, H.-J. (2017): Pädagogische Handlungskonzepte von Fröbel bis heute. In: kindergarten heute – wissen kompakt. Freiburg im Breisgau

Einsiedler, W. (1985): Aspekte des Kinderspiels. Pädagogisch-psychologische Spielforschung. Weinheim

Elbing, E. (2000): Hochbegabte Kinder – Strategien für die Elternberatung. München

Elbing, E./Heller, K. A. (1996): Beratungsanlässe in der Hochbegabtenberatung. In: Psychologie in der Erziehung und Unterricht, 43, 1, S. 57–69

Eliot, L. (2010): Was geht da drinnen vor? Die Gehirnentwicklung in den ersten fünf Lebensjahren. Berlin

Elschenbroich, D. (2004): Die Befragung der Welt. Kinder als Naturforscher. München

Elstgeest, J., The right question at the right time. In: Harlen, Wynne: Primary science. Taking the plunge. How to teach primary science more effectively, aus dem Englischen von Wentzcke, I. (2001): Entdeckendes Lernen e. V. Verfügbar unter: http://www.entdeckendes-lernen.de/3biblio/praxis/richtigefrage.htm (31.01.2018)

Ellwein, T. (1985): Die deutsche Universität. Vom Mittelalter bis zur Gegenwart. Wiesbaden

Endepohls-Ulpe, M./Stahl von Zabern, J./Ebach, J. (2010): Einflussfaktoren auf das Gelingen von Technikerziehung für Mädchen und Jungen im Primarbereich – Ergebnisse aus dem Projekt UPDATE. In: Quaiser-Pohl, C./Endepohls-Ulpe, M.: Bildungsprozesse im MINT-Bereich. Interesse, Partizipation und Leistungen von Mädchen und Jungen. Münster, S. 29–47

Erfahrung + Lernen GbR/Schlömer, K./Kellermann, M. (Koord.): Leuvener Modell. Verfügbar unter: http://www.leuvener-engagiertheitsskala.de/(17.12.2017)

Fachbereichtstag Soziale Arbeit (FBTS), Studiengangstag Pädagogik der Kindheit. Berufsprofil Kindheitspädagogin/Kindheitspädagoge. Verfügbar unter: http://www.khsb-berlin.de/fileadmin/user_upload/Global/Bachelor_Kindheitspaedagogik/Berufsprofil-Kindheitspaedagog_in.pdf (31.01.2018)

Fischer, C. (2003): Erkennen und Fördern von Begabungen und Hochbegabungen – eine Aufgabe und Herausforderung für die Schule. In: Pädagogische Beiträge Rheinland-Pfalz. Sonderdruck. Rheinland-Pfalz (2001) S. 1–16.

Fischer, C. (2012): Individuelle Förderung multipler Begabungen. Allgemeine Forder- und Förderkonzepte. Münster

Fischer, C. (2014): unter Mitarbeit von: Rott/Veber/Fischer-Ontrup/Gralla: Individuelle Förderung als schulische Herausforderung. Verfügbar unter: http://library.fes.de/pdf-files/studienfoerderung/10650.pdf (31.01.2018)

Fischer, C./Mönks, F. J./Westphal, U./Internationales Centrum für Begabungsforschung (Hg.) (2008): Individuelle Förderung. Begabungen entfalten – Persönlichkeit entwickeln. Allgemeine Forder- und Förderkonzepte. Berlin

Fischer, C./Käpnick, F./Mönks, F.-J./Solzbacher, C. (2012): Individuelle Förderung multipler Begabungen. Fachbezogene Forder- und Förderkonzepte. Münster

Fthenakis, W. E./Textor, M. R. (2000): Pädagogische Ansätze im Kindergarten. Weinheim

Fthenakis, W. E. (2009): Bildung neu definieren und hohe Bildungsqualität von Anfang an sichern. In: Betrifft KINDER 03|2009, S. 6–9

Fuchs-Rechlin, K./Smidt, W. (2015): Personalstruktur und Beschäftigungsbedingungen in Kindertageseinrichtungen. In: Frühe Bildung, 4. Göttingen, S. 63–70

Frey, K. (2002): Die Projektmethode. »Der Weg zum bildenden Tun«. Weinheim

Frindte, W. (2002): Einführung in die Kommunikationspsychologie. Weinheim

Gardner, H., (1989): Dem Denken auf der Spur. Der Weg der Kognitionswissenschaft. Stuttgart

Gardner, H. (1994): Abschied vom IQ. Die Rahmen-Theorie der vielfachen Intelligenzen. Stuttgart

Gardner, H. (1998): Are there additional intelligences? The case for naturalist, spiritual, and existential intelligences. In: Kane, J. (Hg.): Education, information, and transformation. New Jersey, S. 111–131

Gardner, H. (1999): Intelligence reframed. Multiple intelligences for the 21st century. New York

Gardner, H. (2013): Intelligenzen. Die Vielfalt des menschlichen Geistes. Stuttgart

Garvey, C. (1978): Spielen. Stuttgart

Gassner, E. (2006): Konzentration, Gedächtnis und Intelligenzen. Ein Leben lang lernen. Büsingen am Hochrhein

Gerrig, R. J./Zimbardo, P. G./Graf, R. (2011): Psychologie, PS Psychologie. München

Gisbert, K. (2004): So lernen Kinder. In: kindergarten heute (Hg.): Zeitschrift für Erziehung (Heft 2/2004). Freiburg im Breisgau, S. 6–12

Griebel, W./Niesel, R. (2011): Übergänge verstehen und begleiten. Transitionen in der Bildungslaufbahn von Kindern. Düsseldorf

Hasemann, K. (2003): Ordnen, Zählen, Experimentieren. Mathematische Bildung im Kindergarten. In: Weber, S. (Hg.) (2006): Die Bildungsbereiche im Kindergarten: Basiswissen für Ausbildung und Praxis. Freiburg im Breisgau, S. 181–205

Hänsel, D. (1997): Handbuch Projektunterricht. Weinheim

Hebenstreit-Müller, S. (2013): Beobachten lernen – das Early Excellence-Konzept, Beiträge zur pädagogischen Arbeit des Pestalozzi-Fröbel-Hauses. Berlin

Hein, A. K. (2004): Perspektiven auf Kindheit im chronologischen Wandel. Die kulturkritische Perspektive als Herausforderung für die Grundschule im 21. Jahrhundert. Münster

Heller, K. A. (2000): Begabungsdiagnostik in der Schul- und Erziehungsberatung. Mannheim

Hellmich, A. (2007): Montessori-, Freinet-, Waldorfpädagogik. Konzeption und aktuelle Praxis. Weinheim

Holling, H./Kanning, U. P. (1999): Hochbegabung. Forschungsergebnisse und Fördermöglichkeiten. Göttingen

Holling, H./Preckel, F./Vock, M./Wittmann, A. J. (1999): Beratung für Hochbegabte. Eine Literaturübersicht. Bundesministerium für Bildung und Forschung (BMBF). Bonn

Holling, H./Preckel, F./Vock, M. (2004): Intelligenzdiagnostik. Göttingen

Huser, J. (2001): Lichtblick für helle Köpfe. Ein Wegweiser zur Erkennung und Förderung von hohen Fähigkeiten bei Kindern und Jugendlichen auf allen Schulstufen. Zürich

Literaturverzeichnis

Infans (Hg.) (2003): Anmerkungen zur Neufassung der Grenzsteine der Entwicklung nach Michaelis, R., Berlin. Verfügbar unter: http://www.mefa.jena.de/images/stories/dokumente/Grenzsteine_infans.pdf (31.01.2018)

Internationales Centrum für Begabungsforschung, Stiftung Bildung zur Förderung Hochbegabter (o J.): Individuelle Förderung – Begabtenförderung. Beispiele aus der Praxis. Verfügbar unter: http://www.icbf.de/images/stories/Publikationen/Handreichungen/leitfaden.pdf (31.01.2018)

Jank, W./Meyer, H. (2002): Didaktische Modelle. Berlin

Jäger, R. S. (2007): Beobachten, beurteilen und fördern! Lehrbuch für die Aus-, Fort- und Weiterbildung. Landau

Karres, B. (2016): Komm raus, ich seh dich! Von Glück, Selbstwirksamkeit und Wachsen hochsensibler und hochbegabter Kinder. Bonn

Keller, R. (2006): Der Geschäftsbericht. Überzeugende Unternehmenskommunikation durch klare Sprache und gutes Deutsch. Wiesbaden

Klein, L./Vogt, H. (2002): Das Abenteuer des entdeckenden Lernens – Kinder lernen am besten auf eigenen Wegen. In: Theorie und Praxis der Sozialpädagogik (TPS) – Sammelband: Kinder – Lernen – Bildung. Seelze

Klein, L./Vogt, H. (2004): Die richtige Frage zur richtigen Zeit. In: Henneberg, R.: Mit Kindern leben, lernen, forschen und arbeiten. Kindzentrierung in der Praxis. Seelze

Klein, L. (2005): Lernwerkstatt ist überall. Wie die ganze Kita Lernwerkstatt werden kann. In: Theorie und Praxis der Sozialpädagogik (TPS) 1, S. 26–29

Knauf, T./Düx, G./Schlüter, D./Gärtner, P. (2007): Handbuch pädagogische Ansätze: praxisorientierte Konzeptions- und Qualitätsentwicklung in Kindertageseinrichtungen. Berlin

Koop, C./Schenker, I./Müller, G./Welzien, S. (2010): Begabung wagen. Ein Handbuch für den Umgang mit Hochbegabung in Kindertagesstätten. Berlin

Krapp, A. (2001): Pädagogische Psychologie. Ein Lehrbuch. Weinheim

Krenz, A. (2014): Ist mein Kind schulfähig? Ein Orientierungsbuch. München

Krenz, A. (2007a): Was Kinder brauchen. Aktive Entwicklungsbegleitung im Kindergarten. Berlin

Krenz, A. (2007b): »Das Spiel ist der Beruf jedes Kindes!« Das kindliche Spiel als Selbsterfahrungsfeld und Bildungsmittelpunkt für Kinder. Verfügbar unter: http://www.kindergartenpaedagogik.de/2100.html (31.01.2018)

Krenz, A. (2009): Kinder brauchen Seelenproviant. Was wir ihnen für ein glückliches Leben mitgeben können. Berlin

Krenz, A. (2008): Der »situationsorientierte Ansatz« in der Kita. Grundlagen und Praxishilfen zur kindorientierten Arbeit, Bildung von Anfang an – Kinder von 3 bis 6. Troisdorf

Krenz, A. (Hg.) (2010): Kindorientierte Elementarpädagogik. Göttingen

Krenz, A. (1996): Die Konzeption. Grundlage und Visitenkarte einer Kindertagesstätte. Freiburg im Breisgau

Krüger, C. (2003): »Kleine Menschen« – ganz groß – schon vor der Schule. Wege zur frühen Begabungsförderung für Eltern, ErzieherInnen, LehrerInnen. Münster

Küstner, C. (1996): Pädagogische Handlungskonzepte von Fröbel bis zum Situationsansatz. Freiburg im Breisgau

Küstner, C. (2016): Pädagogische Handlungskonzepte von Fröbel bis zum Situationsansatz. Freiburg im Breisgau

Lachnit, P./Becker, B.(Hg.) (2009): Praxishandbuch Zusammenarbeit mit Eltern. Erfolgreich Veranstaltungen und Aktionen mit Eltern gestalten. Bonn

Laewen, H.J. (2008): Grenzsteine der Entwicklung als Grundlage eines Frühwarnsystems für Risikolagen in Kindertageseinrichtungen. In: Diskowski, D./Pesch, L. (Hg.): Familien stützen – Kinder schützen. Was Kitas beitragen können. Berlin, S. 190–198

Laewen, H.-J./Andres, B. (Hg.) (2002a): Bildung und Erziehung in der frühen Kindheit. Bausteine zum Bildungsauftrag von Kindertageseinrichtungen. Weinheim

Laewen, H.J./Andres, B. (2002b): Forscher, Künstler, Konstrukteure. Werkstattbuch zum Bildungsauftrag von Kindertageseinrichtungen. Weinheim

Laewen, H.-J./Andres, B. (2011): Das infans-Konzept der Frühpädagogik. Bildung und Erziehung in Kindertagesstätten. Berlin

Leu, H. R./Flämig, K./Frankenstein, Y./Koch, S./Pack, I./Schneider, K./Schweiger, M. (2015): Bildungs- und Lerngeschichten. Bildungsprozesse in früher Kindheit beobachten, dokumentieren und unterstützen. Weimar

Leuders, T, (2014): Entdeckendes Lernen – Produktives Üben. In: Linneweber, H. (Hg.): Mathematikdidaktik, Bildungsstandards und mathematische Kompetenz. Aus der Reihe: Lehren lernen – Basiswissen für die Lehrerinnen -und Lehrerbildung. Zug, Klett & Balmer, S. 237–264. Verfügbar unter: https://www.researchgate.net/profile/Timo_Leuders/publication/261402345_Entdeckendes_Lernen_-_Produktives_Uben/links/543cd8480cf2c432f7421ef7/Entdeckendes-Lernen-Produktives-Ueben.pdf (31.01.2018)

Liebertz, C. (1999): Das Schatzbuch ganzheitlichen Lernens. Grundlagen, Methoden und Spiele für eine zukunftsweisende Erziehung. München

Lohaus, A./Vierhaus, M. (2015): Entwicklungspsychologie des Kindes- und Jugendalters für Bachelor. Berlin

Loo, O. van de (2005): Kinder – Kunst – Werk. Künstlerisches Arbeiten mit Kindern und Jugendlichen. Ein Handbuch. München

Mogel, H. (2008): Psychologie des Kinderspiels. Von den frühesten Spielen bis zum Computerspiel. Berlin

Mönks, F. (2000): Hochbegabung im Kleinkindalter. Erkennen und Handeln. In: Kleine Kinder – Große Begabung. München, S. 25–37

Mönks, F. J./Ypenburg, I. H. (1993): Unser Kind ist hochbegabt. Ein Leitfaden für Eltern und Lehrer. München

Mönks, F. J./Ypenburg, I. H. (2011): Unser Kind ist hochbegabt. Ein Leitfaden für Eltern und Lehrer. München

Müller, C. W./Culley, S. (2011): Beratung als Prozess. Lehrbuch kommunikativer Fertigkeiten. Weinheim

Nentwig-Gesemann, I./Fröhlich-Gildhoff, K./Harms, H./Richter, S. (2011): Professionelle Haltung – Identität der Fachkraft für die Arbeit mit Kindern in den ersten drei Lebensjahren. Weiterbildungsinitiative Frühpädagogische Fachkräfte. WiFF Expertise, Band 24. München

Netzwerk Besondere Begabung Hagen: Fast Alles über Hochbegabung Band I- Von der Windel bis zur Grundschule- Anregungen und Ersthilfen für Erzieherinnen und Eltern begabter Kinder. Verfügbar unter: http://www.DGhK-rhein-ruhr.de/wp-content/uploads/2017/09/Hochbegabung-Windel1.pdf (31.01.2018)

Oerter, R. (1999): Psychologie des Spiels: ein handlungstheoretischer Ansatz. Weinheim

Pallasch, W./Kölln, D. (2009): Pädagogisches Gesprächstraining: Lern- und Trainingsprogramm zur Vermittlung pädagogisch-therapeutischer Gesprächs- und Beratungskompetenz. Weinheim

Pallasch, W./Kölln, D. (2011): Pädagogisches Gesprächstraining. Lern- und Trainingsprogramm zur Vermittlung pädagogisch-therapeutischer Gesprächs- und Beratungskompetenz. Weinheim

Papoušek, M. (Ed.) (2003): Spiel und Kreativität in der frühen Kindheit. Stuttgart

Partecke, E. (2002): Kommt, wir wollen schön spielen. Praxishandbuch zur Spielpädagogik im Kindergarten. Weinheim

Partecke, E. (2004): Lernen in Spielprojekten. Praxishandbuch für die Bildung im Kindergarten. Weinheim

Pflüger, R. (2017): BeBa-Verfahren. Diagnostisches Verfahren zur Erfassung von Bedingungsfaktoren der Potenzialentfaltung bei Kindern und Jugendlichen in Kindergarten und Schule. Empirische Untersuchungen im Kontext der Begabungsforschung. Berlin

PISA-Konsortium (Hg.) (2001): PISA 2000. Basiskompetenzen von Schülerinnen und Schülern im internationalen Vergleich. Opladen

Preckel, F./Baudson, T.G. (2013): Hochbegabung: Erkennen, Verstehen, Fördern. München
Preckel, F./Schneider, W./Holling, H. (2010): Diagnostik von Hochbegabung. Göttingen
Preckel, F./Vock, M. (2013): Hochbegabung. Ein Lehrbuch zu Grundlagen, Diagnostik und Fördermöglichkeiten. Göttingen
Rauchfleisch, U. (2008): Testpsychologie. Göttingen
Rauschenbach, T. (2017): Plätze. Personal. Finanzen – der Kita-Ausbau geht weiter. Verfügbar unter: https://www.dji.de/fileadmin/user_upload/bibs2017/rauschenbach_schilling_plaetze_personal_finanzen.pdf (31.1.2018)
Reich, K. (2005): Konstruktivistische Didaktik. Lehr- und Studienbuch mit Methodenpool. Weinheim
Reimann-Höhn, U. (2011): Einmal 1. Klasse, bitte! So gelingt der Übergang vom Kindergarten in die Schule. Freiburg im Breisgau
Renner, M. (2008): Spieltheorie und Spielpraxis. Eine Einführung für pädagogische Berufe. Freiburg im Breisgau
Rodari, G. (1992): Grammatik der Phantasie. Die Kunst, Geschichten zu erfinden. Ditzingen
Rost, D. H. (2008): Multiple Intelligenzen, multiple Irritationen. In: Zeitschrift für Pädagogische Psychologie 22, 2, S. 97–112. Verfügbar unter: http://djaco.bildung.hessen.de/schule/allgemeines/begabung/Marburger_Hochbegabtenprojekt/mi_mi_zpp_08.pdf.pdf (31.01.2018)
Rost, D. H. (2009): Intelligenz. Fakten und Mythen. Weinheim
Rosenboom, M. (2017): Alltag mit hochbegabten Kindern. Ein Wegweiser. Deutsche Gesellschaft für das hochbegabte Kind (Hg.). Frankfurt am Main
Roth, X./Schmidt, H.W. (2014): Handbuch Elternarbeit. Bildungs- und Erziehungspartnerschaft in der Kita. Freiburg im Breisgau
Rümmele, A./Keller, H. (2011): Handbuch der Kleinkindforschung. Freiburg im Breisgau
Rüssmann-Stöhr, C./Seibt, H. (2015): Mit intelligenten Kindern intelligent umgehen. Ratgeber für Eltern, Lehrer und Erzieher von hochbegabten Kindern. Frankfurt am Main
Schaarschmidt, M. (2007): Lernen in der Lernwerkstatt. In: Kindergarten heute Praxis kompakt. Freiburg im Breisgau
Schachl, H. (2005): Was haben wir im Kopf? Die Grundlagen für gehirngerechtes Lehren und Lernen. Linz
Schäfer, G. E. (2001): Bildungsprozesse im Kindesalter. Selbstbildung, Erfahrung und Lernen in der frühen Kindheit. Weinheim
Schäfer, G. E. (2005): Bildung beginnt mit der Geburt. Ein offener Bildungsplan für Kindertageseinrichtungen in Nordrhein-Westfalen. Weinheim
Schäfer, G. E./Beek, A. von der (2013): Didaktik in der frühen Kindheit. Von Reggio lernen und weiterdenken. Berlin
Scheuerl, H. (1985): Zum Stand der Spielforschung. In: Einsiedler, W. (1999): Das Spiel der Kinder: zur Pädagogik und Psychologie des Kinderspiels. Weinheim, S. 11–31
Schmid, W. (2008): Entdeckendes Lernen. Verfügbar unter: www.lern-plus.de/Unterricht/entdeckendes.doc (31.01.2018)
Schnebel, S. (2007): Professionell beraten. Beratungskompetenz in der Schule. Weinheim
Schwer, C./Solzbacher, C. (2014): Professionelle pädagogische Haltung. Historische, theoretische und empirische Zugänge zu einem viel strapazierten Begriff. Leipzig
Seitz, R. (1998): Phantasie & Kreativität. Ein Spiel-, Nachdenk- und Anregungsbuch. München
Simon, W. (2004): GABALs großer Methodenkoffer. Grundlagen der Kommunikation. Offenbach
Spitzer, M. (2002): Lernen: Gehirnforschung und die Schule des Lebens. Heidelberg
Spitzer, M. (2003): Selbstbestimmen. Gehirnforschung und die Frage: Was sollen wir tun? Heidelberg
Spitzer, M. (2007): Erfolgreich lernen in Kindergarten und Schule. Jokers Edition. [DVD]
Staatsinstitut für Frühpädagogik (IFP). KOMIK-Beobachtungsbogen. Kompetenzen und Interessen von Kindern. Verfügbar unter: http://www.kompik.de/kompik.html (31.01.2018)

Stamer-Brandt, P. (2005): Projektarbeit in Kita und Kindergarten. Planen – durchführen – dokumentieren. Freiburg im Breisgau
Stamer-Brandt, P. (2010): Projektarbeit in Kita und Kindergarten. Planen – durchführen – dokumentieren. Leitfaden für pädagogisches Handeln. Freiburg im Breisgau
Stapf, A. (2002): Geschlechterunterschiede Begabungsentwicklung bei Mädchen und Jungen am Beispiel intellektueller Hochbegabung. In: Wagner, H. (Hg.): Hoch begabte Mädchen und Frauen (Tagungsbericht). Bad Honnef, S. 11–28
Stapf, A. (2003): Hochbegabte Kinder. Persönlichkeit, Entwicklung, Förderung. München
Steininger, R. (2005): Kinder lernen mit allen Sinnen. Wahrnehmung im Alltag fördern. Stuttgart
Stern, W. (1912): Die psychologischen Methoden der Intelligenzprüfung und deren Anwendung an Schulkindern. In: Bericht vom Kongress für experimentelle Psychologie, Bd. 5. Leipzig
Stieve, C./Worsley, C./Dreyer, R./Bundesarbeitsgemeinschaft Bildung und Erziehung im Kindesalter (Hg.) (2014): Staatliche Anerkennung von Kindheitspädagoginnen und -pädagogen. Dokumentation der Einführung einer neuen Berufsbezeichnung in den deutschen Bundesländern. Studiengangstag Pädagogik der Kindheit. Köln
Sutherland, M. (2007): Besondere Begabung früh erkennen und fördern. Praktische Hilfen für Kindergarten und Vorschule. Donauwörth
Textor, M. R. (o. J.): Kindertagesbetreuung. Informationen für Eltern zu Angeboten der Kinderbetreuung, Bildungsplan. Verfügbar unter: http://www.kindertagesbetreuung.de/bildungsplan.html (31.01.2018)
Textor, M. R. (1999): Projektarbeit in Kindertageseinrichtungen: theoretische und praktische Grundlagen. In: Rieder-Aigner, H. (Hg.): Handbuch Kindertageseinrichtungen. Organisation und Management für LeiterInnen, Fachkräfte, Träger und Initiatoren. Berlin. Verfügbar unter: http://www.kindergartenpaedagogik.de/14.html (31.01.2018)
Textor, M. R. (2012): Elternarbeit im Kindergarten. Ziele, Formen, Methoden. Norderstedt
Textor, M.R (2013): Projektarbeit im Kindergarten. Planung, Durchführung, Nachbereitung. Norderstedt
Turja, L./Endepohls-Ulpe M./Chatoney, M. (2009): A Conceptual Framework for Developing the Curriculum and Delivery of Technology Education. In: Early Childhood- International Journal for Technology and Design Education, Vol. 19, S. 353–365.
Thun, F. S. von (2010): Miteinander reden 1: Störungen und Klärungen. Allgemeine Psychologie der Kommunikation. Berlin
Tschöpe-Scheffler, S. (2013): Fünf Säulen der Erziehung. Wege zu einem entwicklungsfördernden Miteinander von Erwachsenen und Kindern. Mannheim
Ulber, D./Imhof, M. (2014): Beobachtung in der Frühpädagogik. Theoretische Grundlagen, Methoden, Anwendung. Stuttgart
Ullrich, W./Brockschnieder, F.-J. (2001): Reggio-Pädagogik auf einen Blick. Einführung für Kita und Kindergarten. München
Urban, K. K. (2002): Hochbegabungen. Aufgaben und Chancen für Erziehung, Schule und Gesellschaft. Münster
Van Dieken, C. (2016): Raumkonzepte für Kitaräume entwickeln – Vortrag. Verfügbar unter: http://www.christelvandieken.de/2016/05/raumkonzepte-fuer-kitaraeume-entwickeln-vortrag/(31.01.2018)
Wagner, H. (2002): Was tun? Empfehlungen für eine verbesserte Begabungsförderung für Mädchen und Frauen. In: Wagner, H. (Hg.): Hoch begabte Mädchen und Frauen (Tagungsbericht). Bad Honnef, S. 135–138
Watzlawick, P./Beavin, J. H./Jackson, D. D. (2003): Menschliche Kommunikation. Formen, Störungen, Paradoxien. Mannheim
Webb, J. T. (1993): Nuturing social-emotional development of gifted children. In: Heller, K./Mönks, F.J./Passow, A.H. (Eds.): International handbook of research and development of giftedness and talent. Oxford, S. 649–668

Webb, J. T. (2015): Doppeldiagnosen und Fehldiagnosen bei Hochbegabung. Ein Ratgeber für Fachpersonen und Betroffene. Göttingen

Webb, J. T./Gore, J. L./Amend, E. R./DeVries, A. R. (2012): Hochbegabte Kinder. Das große Handbuch für Eltern. Bern

Webb, J. T./Meckstroth, E. A./Tolan, S. S./Zimet, N. D. (2006): Hochbegabte Kinder – ihre Eltern, ihre Lehrer. Ein Ratgeber. München

Weinberger, S. (2011): Klientenzentrierte Gesprächsführung. Lern- und Praxisanleitung für psychosoziale Berufe. Weinheim

Weinberger, S. (2013): Klientenzentrierte Gesprächsführung. Lern- und Praxisanleitung für psychosoziale Berufe. Weinheim

Weiner, C. (2010): Als Erzieherin gelassen und erfolgreich. Fit im Beruf durch Selbst-Coaching. München

Weinert, F. E. (2000): Lernen als Brücke zwischen hoher Begabung und exzellenter Leistung, Vortrag anlässlich der 2. Internationalen Salzburger Konferenz zu Begabungsfragen und Begabungsförderung, Salzburg, 13.10.2000. In: Internationales Centrum für Begabungsforschung, Stiftung Bildung zur Förderung Hochbegabter. Individuelle Förderung – Begabtenförderung – Beispiele aus der Praxis. Verfügbar unter: http://www.icbf.de/images/stories/Publikationen/Handreichungen/leitfaden.pdf (31.01.2018)

Whalley, M. (2007): Eltern als Experten ihrer Kinder. Das Early Excellence-Modell in Kinder- und Familienzentren. Berlin

Wieczerkowski, W. (2002): Zwischen Selbstkonzept und Erwartungshaltung. Orientierungen und Präferenzen mathematisch befähigter Mädchen im Vergleich. In: Wagner, H. (Hg.): Hoch begabte Mädchen und Frauen (Tagungsbericht). Bad Honnef, S. 51–65

Winner, E. (1998): Hochbegabt: Mythen und Realitäten von außergewöhnlichen Kindern, aus dem Englischen übersetzt von M. Klostermann. Stuttgart

Wittmann, A. J. (2003): Hochbegabtenberatung: Theoretische Grundlagen und empirische Analysen. Göttingen

Wittmann, A. J./Holling, H. (2001): Hochbegabtenberatung in der Praxis: Ein Leitfaden für ehrenamtliche Berater, Erzieher, Lehrer, Ärzte und Psychologen. Göttingen

Ziegler, A./Schirner, S./Schminke, D./Steoger, H. (2010): Systemische Mädchenförderung in MINT. Das Beispiel CyberMentor. In: Quaiser-Pohl/Endepohls-Ulpe (Hg.): Bildungsprozesse im MINT-Bereich. Münster, S. 41–57

Zocher, U. (o. J.): Lernen entdecken. Vom Entdeckenden Lernen und der Bedeutung der eigenen Frage, Readerbeitrag zur Tagung: Subjektsein in der Schule – eine Auseinandersetzung mit dem Lernbegriff Klaus Holzkamps'. Entdeckendes Lernen e. V. Verfügbar unter: http://www.entdeckendes-lernen.de/3biblio/theorie/subjektsein.htm (31.01.2018)

Zocher, U. (2000): Lernen entdecken – vom Entdeckenden Lernen und der Bedeutung der eigenen Frage.Verfügbar unter: http://www.entdeckendes-lernen.de/3biblio/theorie/subjektsein. htm (23.01.18) und In: Rechenberg-Winter, P./Haußmann, R. (2015): Arbeitsbuch Kreatives und biografisches Schreiben: Gruppen leiten. Göttingen, S. 282

Zocher, U./Garlichs, A./Schütze, F. (2000): Entdeckendes Lernen lernen. Zur praktischen Umsetzung eines pädagogischen Konzepts in Unterricht und Lehrerfortbildung. Donauwörth

Zwicker-Pelzer, R. (2010): Beratung in der sozialen Arbeit. Stuttgart

Weiterführende Informationen[3]

Internetempfehlungen zur Förderung

Rund um die Natur
- http://www.naturdetektive.de
- http://www.kindergartenpaedagogik.de/1030.html
- http://www.fruehpaedagogik.uni-bremen.de/handreichungen/C02Marienkaefer+Pflanzprojekt(KB+IS).pdf
- https://www.bund-bremen.net/natur-kita/
- http://www.kinder-garten.de/fileadmin/kiga/kiga-documents/workshop/kiga_ws_naturerfahrung_aktionsideen.pdf
- http://www.naturstrolche.de/
- http://www.kindergartenexperte.de/infos-fuer-erzieherinnen/kiga-als-paed-einrichtung/natur-umwelt/
- http://www.kindergarten-ideen.de/

Mathematik
- http://www.kindergartenpaedagogik.de/1769.html
- https://www.imst.ac.at/imst-wiki/images/1/1f/364_Langfassung_Reinisch.pdf
- https://www.bildungsserver.de/Praxishilfen-Mathematik-im-Kindergarten-4900-de.html
- https://www.kigaportal.com/de/kindergarten-ideen/mathematik/
- http://www.kompik.de/entwicklungsbereiche/mathematik/wissenschaftlicher-hintergrund.html
- https://www.herder.de/kiga-heute/fachmagazin/archiv/2017-47-jg/1-2017/zahlen-formen-und-muster-fruehe-mathematische-bildung-begleiten-und-anregen/

---

3   Alle folgenden Weblinks wurden am 08.02.2018 abgerufen.

- https://www.herder.de/kiga-heute/fachmagazin/archiv/2006-36-jg/11-2006/viel-wenig-gross-klein-riesenspass-bei-der-foerderung-von-mathematischen-vorlaeuferfaehigkeiten/Sprache
- https://www.vorarlberg.at/pdf/sprachkatalog.pdf
- http://www.kitakram.de/Praktische-Ideen-zur-Sprachfoerderung
- http://www.kindergarten-ideen.de/ideenkiste/spiele/sprachfoerderung/
- https://www.uni-due.de/imperia/md/content/prodaz/boorsmalipkowski_reime.pdf
- https://www.radix.ch/files/FU1BOW1/praxisbeispiele_sprachfoerderung.pdf
- http://li.hamburg.de/contentblob/4269256/88fb42c5608b02019772f3379dd1bf4d/data/pdf-sprachfoerderung-in-bewegung-bewegungsangebote-fuer-klein-und-vorschulkinder.pdf;jsessionid=9146607A5D8D95E-40A0F64CB80D54AE3.liveWorker2

Künstlerisches Gestalten

- https://de.pinterest.com/explore/kindergarten-kunstprojekte-960574902459/
- http://www.netmoms.de/nachrichten/diese-13-coolen-kunst-projekte-fuer-kinder-machen-auch-dir-spass/
- http://www.bildungsserver.de/Fachbeitraege-zu-Kreativitaet-Aesthetik-und-Kunst-in-der-Fruehpaedagogik-3986.html
- www.kunst-kita.de

Philosophieren mit Kindern

- http://www.philosophierenmitkindern.de/literatur.html
- http://www.philosophieren-mit-kindern.de/
- http://homilia.de/wp-content/uploads/2013/02/pmk.pdf
- http://www.bpb.de/gesellschaft/kultur/kulturelle-bildung/228237/unterrichtsmaterialien

Allgemein

- http://www.kitakram.de/Praktische-Projekte-fuer-den-Kindergarten
- http://www.labbe.de/spielotti/index.asp?stichwortid=1271

Kreativität

- http://www.kindergartenpaedagogik.de/57.html

Spielempfehlungen für Kinder und Erwachsene

Experimentierkästen

🌐 www.kosmos.de/experimentierkaesten/
unter anderem: »Experimente mit der Maus«

MINT

🌐 http://www.mint-zentrum.de/
Sammlung zu Experimenten, Spielen, Sachinformationen

Spiele

- *Quarto classic* von Gigamic (Strategie und vorausschauendes Denken)
- *Thinkfun – Tip Over, Rush Hour, Smart Mouth* (Denkspiele)
- *Schloss Logikus* (Räumliche Vorstellungskraft/logisches Denken)
- *Brick by Brick* (Strategisches und logisches Denkspiel)
- *Hoppers* (Konzentration und räumliches und vorausschauendes Denken)
- *Triominos* (Dominospiel mit dreieckigen Steinen)
- *Ubongo* (kniffeliges Legespiel)
- *Der Wortwal* von IQ-Spiele (Reaktionsspiel)
- *Make 'n' Break* von Ravensburger (räumliche Wahrnehmung)
- *Unterwasserwelt* von Jumbo-Smartgames *(*Logik Spiel)
- *Arche Noah* von Jumbo-Smartgames (gleiche Reihe wie Unterwasserwelt)
- *IQ Twist* (Konzentrationsfähigkeit/räumliche Wahrnehmung)
- *Dixit* und Erweiterungen *Libellud und Asmodee* (Phantasie, Rollenspiel, Sprache)
- *Fritz und Fertig* (Schachvariante für den PC, strategisches Denken, Kombinationsgabe)

Literaturtipps für Einsteiger und den Kita-Bereich

- Brackmann, A. (2005): Jenseits der Norm – hochbegabt und hoch sensibel? Stuttgart
- Feger, B./Prado, T. M. (1998): Hochbegabung. Die normalste Sache der Welt. Darmstadt
- Huser, J. (2000): Lichtblick für helle Köpfe. Zürich
- Koop, C./Schenker, I./Müller, G./Welzien, S./Karg-Stiftung (Hg.) (2010): Begabung wagen. Ein Handbuch für den Umgang mit Hochbegabung in Kindertagesstätten. Weimar

- Laewen, H.-J./Andres, B. (Hg.) (2002): Künstler, Forscher, Konstrukteure. Werkstattbuch zum Bildungsauftrag von Kitas. Weinheim
- Mönks, F. J./Ypenburg, I. H. (2005): Unser Kind ist hochbegabt: Ein Leitfaden für Eltern und Lehrer. 4. Aufl. München
- Stapf, A. (2010): Hochbegabte Kinder. Persönlichkeit Entwicklung Förderung. München
- Sutherland, M. (2007): Besondere Begabungen früh erkennen und fördern. Praktische Hilfen für Kindergarten und Vorschule. Donauwörth

Webseiten mit anregenden Spiel- und Beschäftigungsmaterialien

- www.adlung-spiele.de
- www.iq-spiele.de
- www.jumbo.eu
- www.thinkfun.com
- www.cornelsen.de/fm/1272/9783069656272_Beenen.pdf

Eine Auswahl an Büchern für Kinder, in denen besondere Begabungen thematisiert werden

Bilderbücher

- Cave, K. (1994): Irgendwie anders. Hamburg
- James, S. (2005): Kluges Kind, ins Deutsche von Monika Osberghaus. Frankfurt am Main
- Reynolds, P. H. (2010): Der Punkt: Kunst kann jeder. Hildesheim
- Volmert, J. (2015): Du gehörst zu uns oder Jeder ist ein bisschen anders. Haan

Zum Lesen und Vorlesen

- Ball, J. (2009): Von null bis unendlich: Die geniale Welt der Mathematik. München
- Enzensberger, H. M. (2003): Der Zahlenteufel: Ein Kopfkissenbuch für alle, die Angst vor der Mathematik haben. 5. Aufl. München
- Hawking, L./Hawking S. (2010): Der geheime Schlüssel zum Universum, ins Deutsche von Irene Rumler. München
- Hecker J. (2011): Frag doch mal ... die Maus! Spannende Experimente zum Ausprobieren, Forschen und Staunen. München
- Kopf, Y. (2011): Lilo Lametta. Hildesheim

- Novelli, L. (2008): Marie Curie und das Rätsel der Atome. Würzburg
- Steinhöfel A. (2008): Rico, Oskar und die Tieferschatten. Hamburg
- Teichmann, J. (2011): Mit Einstein im Fahrstuhl: Physik genial erklärt. Würzburg
- Teichmann, J. (2014): Galilei, Röntgen & Co.: Wie die Wissenschaft die Welt neu entdeckt. Würzburg

Empfehlungen zum Download

Systematisches Beobachten und Dokumentieren

 https://www.datenschutzzentrum.de/schule/systematisches-beobachten.pdf

Inhalte u. a.:
- Grundlagen von systematischer Beobachtung und Dokumentation
- Wissenschaftliche Erkenntnisse über Bildungsprozesse der frühen Kindheit
- Beobachtungsebenen und ausgewählte Instrumente
- Bildungs- und Lerngeschichten, M. Carr, bearbeitet von H.R. Leu
- Das Konzept der Engagiertheit Engagiertheitsskala, F. Laevers
- Die Intelligenzen, H. Gardner
- Themen der Kinder, H.-J. Laewen und B. Andres
- Beobachtungsinstrumente
- Entwicklungstabelle nach Dr. K. Beller und S. Beller
- Diagnostische Einschätzskalen DES zur Beurteilung des Entwicklungsstandes und der Schulfähigkeit
- Baum der Erkenntnis
- Sensomotorisches Entwicklungsgitter nach Dr. E. J. Kiphard
- Validierte Grenzsteine der Entwicklung, R. Michaelis
- Anlegen einer Bilddokumentation

Individuelle Förderung – Begabtenförderung, Beispiele aus der Praxis

 http://www.icbf.de/images/stories/Publikationen/Handreichungen/leitfaden.pdf

ICBF-Leitfaden Best-Practice, zur Förderung von Kindern mit besonderen Begabungen bietet Praktiker*innen einen ersten Einstieg in das Thema Begabung und Begabungsförderung mit Best-Practice-Beispielen. Sie können als Anregung für die eigene Arbeit dienen.
Inhalte u. a:
- Konzepte von besonderen Begabungen

- Identifizierung von besonderen Begabungen
- Förderung von besonderen Begabungen
- Formen der Förderung
- Begabungsförderndes Lernen
- Merkmale des Lernens besonders Begabter
- Beispiele aus der Praxis

Bundesministerium für Bildung und Forschung:
»Begabte Kinder finden und fördern«

Ein Wegweiser für Eltern, Erzieher*innen und Lehrer*innen
 🌐 https://www.bmbf.de/pub/Begabte_Kinder_finden_und_foerdern.pdf

Die Broschüre gibt einen Überblick über die verschiedenen Fördermöglichkeiten und die von unterschiedlichen Institutionen angebotene Beratung für begabte Kinder. Sie soll Eltern, Erzieher*innen sowie Lehrer*innen helfen, auf Kinder mit besonderen Fähigkeiten und Interessen aufmerksam zu werden, sie besser zu verstehen und entsprechend zu fördern.

Niedersächsisches Kultusministerium:
»Begabungen erkennen und fördern«
 🌐 http://www.mk.niedersachsen.de/download/5048

Ministerium für Soziales, Gesundheit, Wissenschaft und Gleichstellung des Landes Schleswig-Holstein: »Erkennen, Verstehen und Begleiten – Kognitiv begabte Kinder in der Kindertagesstätte«
 🌐 http://www.schleswig-holstein.de/DE/Landesregierung/VIII/Service/Broschueren/Broschueren_VIII/Kita/Erkennen_verstehen_begleiten.pdf;jsessionid=D8929F7550E2FD6D839C2A971D8E228F?__blob=publicationFile&v=7

Fachportale mit weiterführenden Informationen

ICBF – Internationales Centrum für Begabungsforschung, Münster
 🌐 www.icbf.de

Das Internationale Centrum für Begabungsforschung (ICBF) ist eine gemeinsame wissenschaftliche Einrichtung der Universitäten Münster, Nijmegen und Osnabrück. Grundlage für das ICBF ist das 1998 vereinbarte Network of Euregional Universities, an dem die Westfälische Wilhelms-Universität Münster, die

Radboud Universiteit Nijmegen und die Universität Osnabrück beteiligt sind, sowie das International Research Universities Network (IRUN), in dem die Universitäten Münster und Nijmegen kooperieren.

Post: Georgskommende 33
Besuch: Krummer Timpen 57 D-48143 Münster
Sekretariat: Tel.: +49 251 83-29314 Fax.: +49 251 83-29316
Beratung und Diagnostik:
Telefonsprechstunde: freitags 9.00–12.00 Uhr Tel.: +49 251 83-29307
Förderung und Weiterbildung:
Telefonsprechstunde: freitags 9.00–12.00 Uhr Tel.: +49 251 83-29308

Karg-Stiftung
- www.karg-stiftung.de
- www.fachportal-hochbegabung.de

Die Karg-Stiftung, gegründet von dem Unternehmer Hans-Georg Karg und seiner Frau Adelheid, begleitet Kita, Schule und Beratung durch Informations- und Qualifikationsangebote auf dem Weg in die Hochbegabtenförderung. Das von der Karg-Stiftung zur Verfügung gestellte Karg-Fachportal Hochbegabung vermittelt Grundlagen- und Orientierungswissen rund um das Thema Hochbegabung.

Deutsche Gesellschaft für das hochbegabte Kind
- www.DGhK.de

Regionale Ansprechpartner, Gesprächskreise und Spieletreffs
Die Deutsche Gesellschaft für das hochbegabte Kind (DGhK), 1978 von Wissenschaftler*innen und Lehrkräften gegründet, ist ein bundesweit aktiver gemeinnütziger Verein, der sich der Unterstützung und Förderung hochbegabter Kinder und Jugendlicher widmet.